U0687710

让知识成为每个人的力量

详谈 沈鹏

李翔/著

新 星 出 版 社 NEW STAR PRESS

回到采访

在离开记者这个行业将近 5 年之后，我决定重新开始做采访，并且发表出来。之所以这么做，是出于下面两个理由。

第一个理由，是它本身所具有的知识积累的价值。

我非常喜欢西方历史学之父希罗多德在巨著《历史》的开头写的第一句话：

以下所展示的，乃是哈利卡纳苏斯人希罗多德调查研究的成果。其所以要发表这些研究成果，是为了保存人类过去的所作所为，使之不至于随时光流逝而被人淡忘，为了使希腊人和异族人的那些值得赞叹的丰功伟绩不致失去其应有的荣光，特别是为了把他们相互争斗的原因记载下来。

这句话揭示了采访的价值所在。采访、记录和研究的目的是对抗遗忘，让后来的人可以真正做到站在前人的肩膀上前行，而不至于陷入不断重蹈覆辙或者不断重新发明轮子的怪圈中。

采访、记录和研究的对象，既包括"那些值得赞叹的丰功伟绩"——我们之中那些优秀的创造者们，不断在用自己的聪明才智创造出一些让我们所有人都变得更好的产品、服务和组织；也包括失败和争斗——即使是我们之中那些最优秀的人，也难免会犯下错误，这些错误其实都是在为作为一个整体的我们在试错，它们都值得被记录。

这件事情在今天尤其值得做，因为现在做这种采访、记录和研究的人在减少。这里面当然有很多原因，包括传统的严肃媒体的衰落；包括因为社交网络的发达，受访者的只言片语越来越容易被拿出来放大，这让他们越来越小心谨慎；包括各种碎片化或娱乐化的内容已经挤占了人们越来越多的时间，以及内容生产者们越来越倾向于认为，受众就是喜欢碎片化和娱乐化的内容。

但是所有这些原因都没有改变希罗多德指出的采访、记录和研究的价值——它是我们的知识积累的一部分。

尤其是那些一手的采访，可以让其他行动者受到启发、获得激励，或者哪怕仅仅知道自己并不孤独；也可以成为其他人研究或者评论的基础——至少可以通过一手的采访知道当事者究竟是如何想的，哪怕你认为他想的并没有道理。

第二个理由，是我还挺高兴做这件事情的。

每个人眼中世界上最好的工作都不一样。对于我而言，最好的工作就是可以见到那些我喜欢的创造者们，听他们分享自己的成就、经验、方法和挫败。为了避免显得自吹自擂，这个理由就说到这儿吧。

拿到这套小册子，你会看到什么？

首先，当然是第一手的长篇访谈。我会努力找到我能找到的、我欣赏和尊重的最优秀的商业实践者和价值创造者，向他提问，请他分享他的实践经验、做事情的方法，包括经历过的挫败和收获。

我自己觉得它们一定会对你有所启发。而且，我还抱有一种雄心，那就是希望它们在十年甚至几十年后，仍然能够激发读到的人。

其次，如果你愿意跟随这趟旅行，我相信你能看到一幅逐渐在你眼前展开的画卷。它不是静止的、一次性的，而是动态的、在发展的。因为在我的设想中，我希望能够跟访谈的对象保持一个长期的、以十年甚至数十年为单位的沟通，把他们的想法和实践动态周期性地呈现出来。这样你看到的会是一个正在发展的、以人为单位的商业史。里面会有成就和经验，也会有矛盾和变化——毕竟世界本身就是不断变化的，它要求实践者也要做好准备随时推翻自己。

最后，因为这件事情要持续做下去还挺难的，所以我想用法拉奇的一句话做一下自我鼓励：

我说我每进行一次采访都花了心血，这并不言过其实。我要花费很大的劲才能说服自己：去吧，没有必要成为希罗多德，你至少能带回一块对拼组镶嵌图案有用的小石头，和对人们思考问题有用的情况。要是错了，也没有关系。

最后的最后，希望这些文字真的对你思考问题有用，并让你得到激发，去进行自己的创造。

李翔

2020 年 10 月 20 日

沈鹏是谁

沈鹏是一名创业者。

他在 2016 年创办了水滴公司。那一年，沈鹏 29 岁。按照估值计算，这家公司在 3 年内就成了一家独角兽公司，并且仍然在继续成长。到公司创立第五年的年末，也就是 2020 年 12 月我见到他的时候，市场传言，这家公司正在寻求以数十亿美元的估值公开上市。

不过，相比于沈鹏想要达到的目标，水滴目前的成绩，套用丘吉尔的名言，至多只能算一个"开始的结束"。

他给这家公司设定的长期愿景，是成为中国版的联合健康集团（UnitedHealth Group）。后者是一家总部在美国明尼苏达州的医疗与保险巨头，拥有超过 32 万名员工，年营收超过 2400 亿美元，在 2020 年的《财富》世界 500 强中排名第 15 位，市值在 3500 亿美元左右。

水滴公司的第一款产品叫"水滴互助"，你可以把它理解成一个基于既定规则组织会员筹集大病医疗资金的互助社群，社群中的成员如果不幸遭遇大病或意外，高昂的医疗费用可以由所有成员一起分担。

它的第二款产品叫"水滴筹"，这也是水滴目前为止受到关注和争议最多的产品。水滴筹是一个大病筹款平台，简单而言，它希望帮助那些因为突发的重病或意外而陷入困境的人，方式是通过社交网络去众筹。

水滴互助和水滴筹都带有很浓的公益性质，但水滴毕竟是家商业公司。水滴的第三个产品，在某种程度上，就可以理解为是在解决公司商业化的问题。这个产品叫"水滴保险商城"，它跟保险公司合作，联合打造更适合中国三四五线城市人民群众和新生代消费者的普惠健康险，向这些潜在用户推荐、销售保险产品。按照水滴官方披露的数据，仅在2020年，水滴保险商城的签单保费就已经有近150亿元。

然后，按照要成为中国版联合健康集团的路线图，水滴也在进入药品服务和医疗服务领域。

当然，不需要做太多的研究，也不需要很深的洞察你就能知道，大健康领域必然是一个万亿级别的宽广跑道。

在这个跑道上，有传统的巨头，比如大型保险公司，也有新的巨头，比如蚂蚁和腾讯，在虎视眈眈，同时还有为数不少的创业公司。具体到水滴而言，这家公司的不同之处在什么地方？

如果你去问沈鹏，他可能会跟你讲很多他要做这家公司的初心；如果你去问他的投资人，他们可能更看重沈鹏在成为一名创业者之前受过的训练——他是美团的早期员工，并且是美团外卖的联合创始人。

除了这些，就我的观察来看，答案可能在以下三个方面：

第一个答案是微信。或者更准确地说，是移动互联网基础设施，如 4G 网络的铺就、智能手机的快速普及，再加上微信这款超级社交应用，三者叠加在一起，把绝大多数中国人都搬到了移动网络之上——2019 年，微信的月活跃用户数已经达到了 11.5 亿，而且可以通过社交网络彼此联结。

理论上，借助微信的网络，一个人发起求助，通过社交网络的"病毒式"传播，可以让更多人看到。水滴最初的产品，尤其是水滴筹，正是通过微信的网络扩大其影响并卷入更多用户的。

第二个答案是产品。可能跟大多数从网络互助和大病筹款业务切入的创业者不同，因为经过了中国最好的互联网公司之一的训练，沈鹏在对产品的理解和设计上，确实有了一些有效的方法。

比如在水滴筹这个产品的设计上，他就提出，因为筹款人是在借助微信的网络进行筹款，而微信尤其是微信支付，本身就是实名且大概率是绑定了银行卡的，所以完全不需要再要求捐款者绑定手机号，那其实增加了用户的使用成本。你可以去观察一下，直到今天为止，绝大部分可以使用微信或者支付宝登录的应用，仍然会要求用户绑定手机号码。

第三个答案是市场。无论是做大病筹款，还是做保险商城，沈鹏认为自己切入的都是一个被互联网巨头们忽略的市场。借用管理学家的话说，这是市场金字塔的底层。

水滴筹会选择通过线下人员辅助的方式，到低线城市去帮助筹款人在手机上操作发起筹款。至于保险，按照水滴披露的数据，水滴保险商城 76% 的用户来自三线及三线以下城市。

除了水滴创始人，沈鹏身上另一个经常被人提到的标签是，创办水滴之前，沈鹏曾经在美团工作过 6 年。他是美团的第十号员工，也是美团的第一个实习生，参与了早年团购网站竞争时的"千团大战"①，也是美团外卖的联合创始人，参与了同另一家外卖配送公司饿了么的竞争。

我很早就听说过沈鹏的名字，也知道他是美团培养出的最杰出的人才之一。不过，直到 2020 年年末，因为腾讯投资的一个活动，我才第一次见到他，听到他在内部的分享，并且先后两次跟他进行了较为长时间的沟通。

虽然我在前面较为详细地介绍了他的公司，不过在跟沈鹏

---

① 2010 年年初，我国第一家团购网站上线，到 2011 年 8 月，我国团购网站数量一度超过 5000 家，并最终演变成互联网史上一次规模极大的商业混战，这次混战就被称为"千团大战"。

的长谈里，我更感兴趣的是他个人的价值观和方法论的成熟过程。因此，我也试图通过提问和回答来勾画出一个创业者是如何"长"出来的。

我觉得你至少可以从这些谈话里收获两点：

第一，最直接的是，你能够看到一个优秀的年轻人、一个仍然在飞速成长的创业者，他自己的世界观和方法论是什么，这对你可能会有些启发；

第二，我相信你能够从他的分享里，看到一个人是如何刻意地把自己训练成一个优秀的创业者的。尽管你不必也去创业，但是背后让一个人成长的方法和思路是相通的。

2020 年访谈

日期：12 月 2 日、12 月 10 日
地点：北京望京科技园 C 栋，水滴办公室

我被沈鹏的一张 PPT 打动了。这是我第一次看到有人这么直接地去分析自己。我马上也明白了，这是他自我训练的一部分，也是他自我训练的结果。

1

2009年年底，一个叫沈鹏的年轻人决定给一家叫三快科技——这个公司先做了社交网站饭否，沈鹏加入后不久，推出了美团网——的公司发送一封求职邮件，希望能够前去实习。

如果让这家今天市值2000多亿美元的公司向过去迈步12年，美团还只是一家在清华大学对面的华清嘉园居民楼内办公的创业公司，整家公司只有9名员工，网站也还没有上线。

这家公司最大的资产可能是一个叫王兴的人。尽管当时只有30岁，王兴已经是互联网创业圈的名人了。25岁时，王兴放弃在美国读博士，回到北京开始创业，并在第二年，也就是2005年创办了校内网——一家受到脸书启发的中国公司。校内网后来卖给了当时的互联网大佬陈一舟，陈一舟把校内网更名为人人网。2011年，人人网上市时市值超过70亿美元，是当时中国市值最高的互联网公司之一。

2007年，王兴再次创业，这一次的公司叫饭否，一家类似于推特的微博客公司。但是在2009年7月，饭否因为不可控的因素被关停。

之后，王兴又以当时硅谷的明星公司团购网站Groupon（高朋）为效仿对象，创立了新公司美团。

王兴是当时很多中国年轻人心中的创业英雄，是硅谷极客们的中国版。后来美团最大的竞争对手之一饿了么的联合创始人汪渊，在2009年看到王兴再次创业的新闻时，兴奋地冲进办公室对他的同事们喊："王兴又创业了！"

在这些把王兴视为创业榜样的人当中，就包括当时在中央财经大学读大四的学生沈鹏。

当沈鹏2006年从山东省临沂市来到北京读大学时，正是中国的互联网创业者被视作英雄的时候。

2004年6月，腾讯在香港上市；2005年8月，百度在纳斯达克上市，当日股价暴涨354%；也是在2005年，阿里巴巴宣布合并雅虎中国。这三家公司日后成长为中国互联网的三个巨头。当时它们在本土市场，分别在即时通信、搜索和电子商务领域面对硅谷互联网公司的竞争，并且逐渐占据上风。

与此同时，风险投资行业开始在中国出现并且发展。2005年，硅谷的知名风险投资机构红杉和凯鹏华盈（KPCB）开始在中国设立办公室。今天在中国风险投资领域享有盛名的高瓴资本和今日资本，也成立于 2005 年。

跟之前的联想、海尔、万科、新希望、娃哈哈等知名的中国公司不同，互联网创业公司是一个全新的物种，典型的模式是：一个抱有"改变世界"同时暴富想法的年轻人，产生了一个好创意，有了初步的产品，然后去寻求风险投资人的资金支持；过程中组建团队、推出产品，顺利的话，能够继续融资、继续成长，直到最后在纳斯达克上市，公司和个人完成一个里程碑，而早年的风险投资人也得以在公开市场上售股退出。

硅谷的风潮也在影响着中关村。如果说门户网站、即时通信、搜索和电子商务是互联网第一代应用的话，2006 年前后流行的概念则被称作互联网 2.0（Web 2.0），代表性的应用是视频、博客和社交网络服务——王兴早年的创业全都集中在这个叫 SNS（Social Networking Services）的领域。互联网已经从 2000 年的科技泡沫破灭中恢复过来，开始继续"改变世界，同时暴富"的创业神话。

因此，一个在北京的大学生想要成为一个互联网创业者，这件事情一点都没有什么值得奇怪的地方。真正的困难在于，如何去成为一个创业者，而不仅仅是在情绪的驱动下狂热幻想一下，或者是因为冲动毫无准备地开始行动，成为又一个神话故事背后的牺牲者。

在我看来，这就是沈鹏的故事中最打动人的地方：一个人可以通过怎样的自我训练，让自己变成自己想要成为的样子。

2

沈鹏在大学的时候就开始尝试自己创业。他在校内网上注册、运营各个学校的留学科普小号，尝试做留学中介的生意。开始时是给其他留学中介机构导流，后来尝试把整个留学中介的链条拆分，相当于试着去改变留学中介的打包收费模式。

如果继续这样折腾下去，他可能会成为一个还不错的生意人，或者像他的很多同学那样，在毕业之后进入金融机构工作。不过，很快他就被包括王兴在内的新互联网创业者的故事吸引了。这样的故事中有风险投资，有高智商、充满热情的创始人，有一套来自硅谷的完整的创业方法论，有创造出人人都爱用的产品或服务的雄心。他自己就是王兴创办的校内网的重度用户，通过这个新的社交网络结识朋友、交流信息。

因此，当他看到饭否被关停一段时间，王兴宣布自己要重新创业的时候，他决定，自己一定要跟王兴一起工作。

当你自己仅仅有一个目标，但是却不太知道如何去实现的时候，加入一个跟你目标相近、同时似乎很清楚该如何行动的团队，有时候是一个非常明智的选择。

这是沈鹏训练自己的第一步。他把自己放置到一个他所欣赏的人创造的一个高速增长的组织中。

后来的事实也证明了，王兴的确是新一代互联网创业者中的佼佼者，而美团也的确成长为中国最大的互联网公司之一。

沈鹏训练自己的第二步，就是让自己完全沉浸在这个环境中，真正地作为一个初学者，去吸纳和学习环境给他的内容。

真正的学习者都知道，学习其实是一件很难的事情，或者至少不像表面上看起来的那么容易。

比如，你可能会说，"如果我有机会能跟美团创业初期的王兴共事，我当然也会抱着学习的态度，去观察王兴的一举一动，把他视为导师"。不过事实上，很多人并不会这么做。一个例子是，在美团早期，王兴会仿照硅谷科技公司的习惯，定期做 CEO 面对面活动，谈论公司的战略，分享他的思考并且回答提问。尽管这个活动是开放给所有员工的，但是每一次 CEO 面对面①，会议室都没有坐满过。也就是说，大部分人其实并没有那么迫切地想要知道当时的王兴在想什么。

　　比如，在一个高速增长的公司和高速增长的行业中，有一件事情随时会打断你自以为的学习之旅：总会有新入场的玩家来给你提供更好的选择，会有人许诺给你更好的条件，你是否能够抵挡住这种诱惑？

　　再比如，高速增长往往也意味着变化巨大，今天你可能还处在公司内一个高速上升的通道，但是到了明天，你突然就会发现自己被认为不再适合做正在做的事情，你的岗位需要被调整。这种情况下，你会认

---

① CEO 面对面指的是公司创始人和 CEO 定期直接同公司员工交流，谈论包括公司战略等的话题。硅谷公司，如谷歌、脸书，都有这项传统。中国年轻一代的公司，如字节跳动、美团、水滴等，也有这项传统。

为调整是合理的吗？还是会认为自己必须离开，作为对这种不公平对待的回应？

这些都是沈鹏经历过的。他在入职美团半年之后差点离职，原因是当时另一个创业公司要挖他过去做联合创始人。

他说自己也曾经在"意气风发之时连降两级"，因为美团新来的 COO 干嘉伟[①]认为这个年轻人需要进一步夯实自己的管理能力——在跟干嘉伟交流完之后，沈鹏认为，干嘉伟说得"有道理"。

沈鹏训练自己的第三步，是在美团内部开始一个新的创业项目。在他的自我介绍中，这段经历被写作"放弃期权，跟王慧文探索新业务"。这个新业务就是后来的美团外卖。

如果说之前作为实习生加入美团，更多还是在王兴已经划定好的跑道上去拼命地学习和前进，那跟美团另一个核心人物王慧文一起去做美团外卖，就有了更多主动探索的成分。这一次他可以去参与选择跑道，去带着团队完全地从零到一，去把握这个业务的成长节奏，去选择竞争策略，等等。

①　曾任阿里巴巴副总裁，后来加入美团担任 COO，离开美团之后在高瓴资本做运营合伙人。

接下来，2016 年，当沈鹏终于决定要离开美团自己创业的时候，他已经被训练成一个颇为自信也颇为成熟的创业者。

所以，他能够非常笃定地选择借助移动互联网进入跟医疗保障相关的赛道，而不是选择做投资人看来他会更有优势、在当时也更受欢迎的新零售。

而且，在完成自我训练的同时，他也为自己积累起了很好的信誉。我听他讲过一个场景，非常动容。在他宣布要离开美团创业的当天晚上，沈鹏说，他的微信和支付宝就开始叮叮当当地没有停过，他在一晚上收到了同事和朋友们一共 800 多万人民币的转账，"大家都愿意支持你做一点事情"。所以，他说，水滴的第一笔投资，其实不是来自美团和腾讯等公司几千万人民币的天使投资，而是各种同事和朋友通过微信、支付宝转过来的从几万到 200 万不等的现金。

他对这种信任的解释是，在过去 6 年多的时间里，"在我还不知道为什么这么做是正确的情况下，做了很多正确的事"。

3

2020 年 12 月初，我第一次见到沈鹏。在那之前，和所有仅仅通过新闻来了解他的人一样，我知道他与美团的关系，当然，我也知道关于水滴的种种争议。他们在 2019 年年底的时候刚刚经历过一次重大的负面新闻冲击。我也问了他很多这方面的问题——他是一个热情、健谈的人，对所有这些问题都不会避而不谈。

随后，我参加了他的一场 CEO 面对面。他在活动上向水滴新来的同事强调公司的使命、愿景、价值观，解释公司的新业务，同时告诫大家要对融资和上市这样的事情抱有平常心，因为"上市也只是一轮融资"。

不过，最打动我的其实是他的一张 PPT（见下图）。这张 PPT 的标题是"关于沈鹏"。他在这张 PPT 里列出了自己的人生信条、自驱成长要素、当前能力圈和方法论。这是我第一次看到有人这么直接地去分析自己。我马上也明白了，这是他自我训练的一部分，也是他自我训练的结果。这张 PPT 只是以最简洁的方式，把他自己成长至今的世界观和方法论表达了出来。

关于沈鹏

信条	自驱成长要素	当前能力圈
物竞天择，适者生存 事在人为，人因梦想而伟大 水滴石穿 合作共赢	视野 愿景 奋斗 执行力	自驱力 用互联网打法改良线下有待进化的靠谱产业

方法论			
PM12 条	杰克·韦尔奇管理方法论	使命 愿景 价值观	精益创业
克里斯坦森颠覆式创新理论	高效能人士的七个习惯		

这是我跟他谈话的主题，也是你将会读到的内容。

物竞天择，适者生存和竞争

李翔：我上次听你在公司内部做 CEO 面对面，最后你分享的两页 PPT，我觉得挺有意思。其中一页是跟你个人的价值观、方法论有关的，另外一页是你的一些经历。

我想就你的 PPT 问一些问题。你聊了你的那 4 个信条（包括物竞天择，适者生存；事在人为，人因梦想而伟大；水滴石穿；合作共赢），我不知道它是怎么形成的，因为大部分人肯定不是一开始就会这么想，肯定会经过一个比较长的阶段。

沈鹏：其实是我自己提炼的，纯属自己提炼。这个 PPT 是针对我们的同事专门来做的，是根据我们同事的画像，有些提炼和侧重点的表达。

我以前扫过一遍《奈飞文化手册》，看到奈飞用很多精炼的语言表达它的文化。我觉得现在公司这个阶段，在一个入职性的培训或 CEO 面对面的交流中，还是上来就要立场鲜明地给大家讲明白一些我喜欢的理念，有个人特色的理念。通过讲我自己的理念，我想引导大家，而不是说直接给大家提个要求。这里面的东西看似是我对自己的要求，是我的理念，其实我希望大家都能够认同，至少能有一定程度的认同。所以我根据大家的画像，对我的认知做了一些刻意提炼。

比如说"物竞天择，适者生存"。我能看到我们整个公司的同事平均是 1994 年出生的，但也有很多同事并不是这么有奋斗精神。他可能是因为某些才能比较突出，经过面试加入我们公司的；或者是他整体基本素质不错，价值观和我们有一定程度的匹配度，就把他招进来了，但其实他没有这么强的竞争精神。

举个很简单的例子。昨天晚上有个会，我们有个新的项目叫蓝鲸理财。这是个财商教育项目，是教用户掌握正确的财商思维、更科学地理财的，然后有意向的用户也会找到水滴的保险服务，找到水滴的合作伙伴。这个项目的负责人是 1990 年出生的，前两天还入选了"胡润 30 岁以下创业者"榜单，擦边入选了。

李翔：你只能入选 40 了 [1]。

沈鹏：对，对，（笑）入 40。他入了 30，基本面挺优秀的，人生第一份工作是自己创业，用微信公众号卖螃蟹，后来加入了字节跳动，是字节跳动的前 50 号成员之一，做产品运营，

---

[1] 指媒体评选的"40 岁以下创业者"榜单，这一评选最初来自《财富》杂志的"40 under 40"概念，即"40 岁以下 40 人"。沈鹏曾数次入选《财富》（中文版）评选的"中国 40 位 40 岁以下商业精英"榜单。

再后来就加入了水滴。他大概是这样的经历，有一定的营销天赋，在水滴干过不同的岗位，负责财商项目之前在做增长。水滴的增长方式是去更好地赢得用户的认同，低成本、高效率地获取批量化用户，他做得还是非常不错的。后来想做理财这个事情的时候，公司给了他一个内部创业的机会，让他担任这个项目的负责人。

但是我发现他的竞争意识是很弱的。所谓的竞争意识就是说，你做一个新的项目，你得先看一下这个行业的基本面是什么情况，行业规模是在上升还是下降，还是有周期性的、有升有降的，眼前你该瞄准什么样的目标，你得知道大节奏是什么样的，未来几年应该是什么样的，你得知道发力点，知道你的竞争对手有哪些，公司是强还是弱，它的长短板是什么，这些你都得清清楚楚。不能就只关注自己，不关注行业。

李翔：只关注自己，那是相信了这个观点：相比于竞争，要更关注自身。

沈鹏：他挺经常听你以及几位大咖在得到 App 上的分享，挺爱学习的。通过几场会，包括昨天晚上的会，也包括月会，我发现他对行业的关注，对行业天花板和行业趋势的关注，对友商的关注，都很少，只了解个大概情况，其他的都不知道。他不是以周为单位，甚至是以天为单位，看优秀的友商做对了什么，做错了什么；也没有预测理财这件事情和哪些要素是挂钩的。至少我理解的是，理财和二级市场的好坏肯定是密切相关的。二级市场好，才会有更多人认同理财这件事。所以，到底这个牛市还能有多久？如果牛市要转熊市了，内容导向应该是什么？他原来是做增长的，突然间做理财，就做一个完全新的事情来说，他不够关注行业，不够关注竞争。

我后来发现，其实公司内部有很多这种年轻的小伙伴，对这方面都不够关注，都是关注自己，追求自己认同的东西，分析自己的情况，去琢磨创意。

李翔：年轻人是不是都是这样的感觉？

沈鹏：反正我在公司看到很多 90 后是这样的，但是我能理解。我在这点上和他们是完全相反的，我很在乎行业趋势，很在乎行业天花板有多高，也很在乎优秀友商的动作。我会列出值得关注的友商，至少以周为单位关注友商都在做什么，看能不能给我一些启发。所以我就把"物竞天择，适者生存"这点刻意提炼了出来。

李翔：你是很早的时候就接触到了"物竞天择，适者生存"这样的达尔文进化理论吗？你是一开始就接受了这个说法吗？最开始是什么时候？

沈鹏：上小学的时候。我是在山东沂蒙山长大的，小学有个课叫自然课，老师讲的，物竞天择，适者生存，讲达尔文时就给我们解读过。并且老师说，其实人也是这样，你不论做什么工作，都要去通过竞争来追求做得更好，这也是一种驱动力。

李翔：你是一开始听到之后，很快就接受了这个理念吗？我接触很多人，其实开始的时候有些人是排斥的，会认为它竞争性过强，比较残酷。

沈鹏：其实我好像天生就喜欢 PK。我从小就参加运动会，参加数学竞赛，还拿过山东省数学竞赛一等奖。你在竞技中就是要取得一个好成绩，其实这是一种很有成就感的事情。不是说打败人你就有成就感，而是你取得这个成绩会非常有成就感。

李翔：所以你会很自然地接受这个理念，以及你会认为它肯定适用于像商业这样的领域？

沈鹏：老师说的时候我就觉得很有道理。为什么？再往前，我一出生我爸就在中国人寿做团队管理者，后来干分公司总经理，就是带着一个大团队卖保险。你会发现，他每天都在搞员工激励，搞排名。你做得好，就得到了和别人非常不一样的成就和回报。我从小就是看着这些长大的。

李翔：你会去他们公司？

沈鹏：我经常会去他们公司看他们开早会，包括开年会。即使是临沂公司开年会，有时也会把做得好的业务员们拉到北京九华山庄这种有一定规格的地方参加年会，就这种。

李翔：你去看大家开会，你爸也没有阻拦你或者说什么？

沈鹏：没有。

李翔：这种进化观，你认为它会更加适用于商业吗？

沈鹏：我是这样看的，首先，竞争这件事情在中国的大商业环境里是无处不在的。其次，我觉得你具体做的事情决定了你是坦然看待竞争，还是过于看重竞争，是看竞，还是看争 ①。特别是落到互联网商业模式里，不同赛道、不同行业里的不同模式，你会发现中长期的市场格局一般都是不一样的。

像美团的外卖业务，中长期市场格局就是一家独大，最次也是 721 格局——第一名占 70% 的市场份额，那你必须得和所有友商去 PK，你要成为这个第一，一将功成万骨枯。

有些领域的市场格局是散状的。比如说餐饮软件这个领域，20 世纪 90 年代末就有了餐饮软件这个行业。我认真关注这个行业是在 2013 年的时候，那时候还有一些杂志在评中国餐饮软件 50 强，格局很散。我理解的是，这种市场格局下，

---

① 沈鹏在这里引用的是王兴对竞争的解释，"同向为竞，相向为争"。按照这种解释，"竞"是同一个方向的各自努力，"争"则更像零和博弈，你输我赢。

其实不是重在"争"，而是重在"竞"。因为餐饮商户本来就数不清，每年都有新成立的，每年也都有倒闭的。在这种格局下，餐饮软件公司能想清楚自己的战略定位，找到自己认为最好的区域，把它做好，这就够了。当然，它选择的这个区域里也可能会有竞争对手，也会有"争"，但是我觉得它是和自己赛跑，关注自己的进化，关注自己的细分领域。软件开发、软件外包这个领域就是比较散，其实这样做就够了。

有些领域可能处于这两者之间，多寡头能并行存在——可能是小几家，也可能是大几家。

不过，我依然觉得别管哪种竞争，本质都是在和自己赛跑。但是在竞争依然有的时候，你要看看自己是在哪个格局里，是一家独大的格局、721的格局，还是多寡头格局，要定期看看市场上有什么。

李翔：所以你更多是从竞争的角度来理解这句话的？因为不同的人有不同的想法，有的人就会认为它是整个社会演进的规则？

沈鹏：我觉得这就是一个社会演进的规则，竞争才能驱动社会进步。宏观大规则是这样，微观也是这样。大家是在不停的竞争中去自我进化，去创造更大的社会价值。

要是没有美团外卖和饿了么的竞争，大家哪能享受到服务这么好、供给又丰富的外卖？为什么供给丰富？因为两家抢着运营商户。为什么性价比这么好，送得又快又稳定？这就是竞争导致的。当一个领域一家独大、形成垄断的时候，你会发现吃亏的人反而就变成用户了。我觉得适当的竞争是对社会进步有帮助的。

李翔：其实你们公司的年轻同事应该是很拼的了，为什么你还是会觉得——或者有可能它就是个事实——年轻同事的竞争意识会薄弱一点？

沈鹏：我只是看到了一些同事是这样的，看到他们这样我不能接受，毕竟在我们公司，有很多同事都是被当作储备管理干部，甚至是接班人来培养的。我不能看着他那个意识不对，不去给他讲明这个道理。没有绝对的对错，但是我觉得这个道理我还是想给他灌输了。

事在人为和人因梦想而伟大

李翔：你第二个信条讲的是"事在人为，人因梦想而伟大"，这是感觉还蛮鸡汤的一个想法。你自己是从什么时候开始有这个想法的？有什么东西触动你吗？

沈鹏：其实是我在美团的那 6 年（2010—2016 年），真正让我感受到了事在人为和人因梦想而伟大。

因为在美团的第一年，我刚认识兴哥的时候，兴哥还是在九败中的兴哥 ①。当时我们在华清嘉园居民楼的一个三室一厅里办公，兴哥的工位在客厅里，所以我能看到。有记者来采访兴哥，那时候我看到兴哥经常都不是直视对方，而是看着地或桌子回答问题，能感受到那种略微的不自信。但在很多场景里，我总能感觉到他很想成功，很想把事做成。他追求对关键细节的把握，非常细，日常对每个人的工作标准要求都非常高，很渴望把事情做成。

他和大家聊梦想，但当时再怎么聊梦想也没有聊到、想象

---

① 王兴被人称为"九败一胜"，也就是在美团成功之前，王兴的创业经历可以说是屡战屡败、屡败屡战。

到美团会是现在这个样子。

但是我看到了兴哥还是有一种非常前瞻的视野。当然，他也没想到，至少没聊到美团和阿里会变成现在这个样子。但是他聊到了美团有一天有可能会超越阿里。他觉得美团需要专注做的是本地生活服务的电子商务，这其实是第三产业的电子商务；阿里是在做商品电商，是第二产业的电子商务。中国第三产业 GDP 会超越第二产业 GDP，如果在第三产业里能成为电子商务第一名，未来美团终究会超过阿里。这类梦想还是很坚定的。他还讲了很多，希望我们一起努力，能让大家的生活变得更好的这种梦想。大家还是围绕这些梦想和这种奋斗精神，一点点看到了自己在改变这个世界。现在就看到自己周边的人，因为我们而变化——看电影可以用猫眼电影买票，而不是排队买电影票；去餐厅，第一反应肯定是用美团来寻找折扣。

后来我又亲自参与了外卖的项目，让周边的人使用我亲自负责的业务的产品，一点点地看大家对我们从批评和不爽——因为最早的时候送餐时间不稳定——到慢慢认同，到非常认同，还是很有成就感的。这是一个层面。

另外，我也看到了美团早期的大部分员工都是普通人，甚至可以说是不够优秀的普通人，但是随着把事情做得越来越好，从中借假修真，大家都让自己成长了起来。有很多人都成长为独当一面的业务总经理。这些都让我越来越认同事在人为和人因梦想而伟大。

这是我亲身经历的。再举个例子，我在美团时的一个老同事，叫郭南洋，也是我们现在水滴的同事。他大概是什么经历呢？

2010年的时候，我们开拓美团团购山东业务的时候，看到济宁有一个本地版团购网站，叫0537团，做得还不错。创始人就是郭南洋。我们花了两三万块钱，就把它给收购了。两三万块现金第一时间入账，他带了几个兄弟就过来了。

这哥们儿是1984年出生的，2000年中专毕业，干过各种街边的那些工种；过了两年，看到市场上有卖电脑的机会，就开电脑维修店、攒电脑①、给人做网络工程、安防门禁、卖光盘；再后来，卖光盘的时候又开始往光盘里植入他的门户网站，经营门户网站；经营门户网站时发现有流量，但是得找到用流量赚钱的方式，就卖广告；后来在卖广告的过程中，发现还有团购网站这个生意，又开始做团购网站。

到了2010年年底，我们收购了他的网站后，他加入我们，成了美团济宁的城市经理。其实当时我们就觉得这哥们儿不算特靠谱，除了肯干，什么都不懂。

现在呢？他在去年（2019年）3月加入了我们，担任我们公司的人力资源负责人。

_____

① "攒电脑"是相对于品牌电脑整机的一个概念，指的是自己把电脑各个部件组装起来，价格往往比品牌电脑更便宜。

李翔：这个跨度很大啊，从城市经理到人力资源负责人。

沈鹏：而且他上的那个中专还不存在了。（笑）他加入美团第三年的时候，很高兴地告诉我说，"我春节的时候要回母校去演讲，我校长给我打电话，亲自邀请我去演讲"。那时候距离过年还有两三个月，结果过年回老家就听说母校要被整合了。

李翔：被合并了是吧？被另外一个学校合并了？

沈鹏：对，原来的校长不当校长了，那个演讲取消了。（笑）

李翔：我觉得你这个用人套路也很不同，他以前是负责当地的团购的，做的事情应该是地推、营销，你让他做人力资源负责人，这个你是怎么想的？

沈鹏：他也是在一路成长的。我前面只跟你说了个开头，他去年（2019 年）3 月加入我们，负责人力资源部，今年年底调岗，成了负责我们一个新业务（水滴好药付）的总经理。他加入美团之后，可以说把美团在济宁片区的市场份额做到了95%，另外 5% 就是糯米等其他公司的。做得非常好，然后晋升为区域经理，负责整个山东省，又把山东省区域内做到一家独大，各个城市的市场份额都遥遥领先。后来他因为家庭原因，主动降级，回老家休息了半年。

我们搞美团外卖的时候，我需要找第一个片区管理者，我第一反应就想来找他。为什么？因为我觉得他本质上是一个极度接地气的人。他接地气到什么程度？大家想接地气都得找他交流下。阿干（干嘉伟）刚加入美团当 COO 的时候，制定了一个政策后会提炼成一句话，一般要当众提问，验证这句话传达到一线后，能不能让一线的人听懂。阿干的第一反应就是让南洋解释一下。如果南洋都懂，这个政策落到一线就没问题。就是这种，通过他来验证我们向下传达的内容是不是真的通俗易懂。

他通过努力，还是实现了在美团一步步的晋升，干过片区经理，到了外卖又干片区经理，后来成了大区经理，后来向我汇报、负责过全国的外卖地推团队，再后来还调岗负责过美团外卖的培训部——整个接近 1 万全职员工，加上几十万个配送员的培训，都是他管。再后来离开美团，2017 年去土巴兔当了业务总经理。

李翔：然后再到你这儿。

沈鹏：对。类似这种人，我这里有好几个。

接地气

李翔：你觉得你是一个特别接地气的人吗？

沈鹏：其实我本来觉得我挺接地气的，在美团头两年认识了这帮人之后，发现原来我那不是接地气。后来确实是更接地气了。

李翔：说到"接地气"这个事儿，之前我就一直在想，就比如说像刘强东，他应该是理论上比较接地气的，因为是从小城出来，但做的是比较高大上的京东；黄峥是杭州人，又留过学，在谷歌工作过，但是做了拼多多，非常接地气。

沈鹏：我觉得有时候接地气可能来自你是否能够真的换位思考，并且能够真正理解你用户的本质需求。可能还涉及人性深处的东西，不光是说表面的那些行为。

就拿美团来说，我以前带团队的时候，正儿八经地做管理动作，早启动、晚分享，中间还会陪访什么的，给大家讲一些管理原则、领导力。后来我发现，当美团招人招到一定规模的时候，这一套还不如阿里当年 B2B 那一套^①有效。美团也有很多人是从阿里过来的，他们会带着兄弟们定期去喝酒作为激励什么的。然后你会发现，这比我们搞早启动、晚分享还管用。

有一个阶段我就觉得，哎呀，这个我学不来，我不是这种人。但是后来慢慢发现，这一套可能阶段性地把这些人聚起来OK，很接地气，很能拿成绩，但是要让公司更强一点，还是得回到科学管理上。特别是在美团最初创业的头 2~3 年，我看到了全国各分公司五花八门的管理方式和打法。有速成的，但是持久性不够；也有那种漫长的、有持久性的。

但是至少在美团待了这么多年，我觉得尊重人性肯定是任何一家公司都必须要做到的。你还是要迎合人性去做管理，而不能忽略了人性去做管理，这完全是两种结果。即使是同样一个动作，你考虑到人性和没考虑到人性，差异也还是挺大的。

李翔：比如呢？

沈鹏：比如调岗的事情，你会发现不管是在水滴公司，还是在美团，每年都有一些岗位的同事会轮岗，也有一些业务可能会合并，空降一个领导。当给一个业务模块做合并，空降领导，或者为了打破舒适区，给一个人调岗的时候，他一般表面上会说为了公司，拥抱变化，没问题。但是我觉得，你和他聊

① 指的是当年阿里巴巴 B2B 业务的线下销售团队模式，业界称之为"阿里铁军"。

的时候，不能去聊一些面儿上的东西，还要更引导式地去打开他的心结，更坦诚地聊清楚这个动作的利弊，这个动作为什么利大于弊，更好地对他晓之以理、动之以情。所有事情都要讲清楚，还要告诉他，能持续接受和拥抱变化的人，不仅看问题的视角会更宽、更多元，能力提升其实也会更快，同时公司也会更信任这类同事。以后，在能力相当的情况下，经常拥抱变化、敢于担当的同事可能会优先得到机会。这些东西都得讲清楚，而不能说他表面上没问题就不讲了。

李翔：当年你们在美团的管理包容度这么高吗？各种管理方法并行？

沈鹏：千团大战的头两年，阿干还没来，兴哥和杨锦方（美团第一任销售副总裁）也管不过来。大家百花齐放，谁能做出来业绩，并且这个业绩是真实的，那就叫牛，不管做出这个成绩的过程是什么样的。但是阿干来了之后，他是关注过程的，通过抓你如何拿到结果的这个过程，自然会得到更好的结果。这是两个阶段。

水滴石穿和战略定力

李翔：你的第三个信条，也就是"水滴石穿"，就是讲坚持的，是吧？我可以这么理解吗？

沈鹏：我觉得不只是坚持，它也代表了一种战略定力。

李翔：战略定力怎么理解？

沈鹏：围绕一个自己认同的大方向，每天前进 30 公里，持续地去努力，自然能够实现你的最终战略目标。因为水滴石穿还代表着一个方向，不是到处去滴。

李翔：有个词语叫"矢量"。

沈鹏：对，它是一种战略定力。像水滴公司，一成立就在说，我们要打造中国版的联合健康或凯撒医疗①。其实今天你会发现，我们行业里现在都这样说，别管什么模式，都是这样说。但是你要追溯到在成立时间、对外描述愿景的记录的话，会发现我们其实一成立就在这么说，一直没有变，我们就想做

---

① 美国最大的健康维护组织（HMO）。

这件事情。

李翔： 这种战略定力，或者说朝一个方向持续不断去做，你有真实的体感吗？

沈鹏： 有。真实体感不论是在美团还是在水滴，都有。在美团你会发现，老大在内的几个关键人达成一致的重要业务，大家认定了，基本就是不论怎么死磕都能把它磕下来。但如果关键人没有达成一致，只是某个同事脑洞一开立项的业务，公司批了，往往也是错的，之后不是这个负责人放弃了，就是他的领导放弃了。

说白了，就是你能够真正地站在战略视角自上而下想清楚，并且能够坚定地去做。这和你拍个脑袋跟个风去做一件事情，最终得到的结果往往是不一样的。

再举个简单的例子，就是水滴筹。我们公司第一个业务叫水滴互助，水滴筹其实是在水滴成立了两个来月的时候才开始想做的。我和几个相关的同事说，我觉得我们可能还是得做大病筹款平台。当时市面上有很多众筹平台转型做大病筹款方向，我们看到了这个方向，也发现很多转型的公司在做这个业务，它们有几个不好的规则，并不是从筹款者或捐款者的角度出发的。

比如，筹到的钱要扣 2% 甚至更高比例的服务费或手续费，当时各大平台都在收。再比如，捐款者要想给一个人捐款，必须强制绑定手机号，填了手机收到的验证码绑定后才能捐款，不绑定不能捐。再有一点，就是筹款者要完全靠自己发起筹款申请，没人辅助，也没有人管风控。

这些规则我就觉得并没有那么合理。在中国，一个人要筹款，要能放下面子，在社交网络上张罗、转发，其实很不容易，你还要收他 2% 的手续费。我觉得这不符合中国大的文化基调，这样很难把这个业务给做起来，这是第一。

第二，没有人为筹款者做发起服务。在中国的三四五线下沉城市，以我在美团时对下沉市场的理解，我觉得一半以上的大病患者肯定发起不了筹款申请。我上百度，按城市搜索影响力指数，把那些做大病筹款的平台输进去，发现下沉城市指数都很低，头部市场指数都很好。我就觉得其实它们根本没有进入下沉市场，还是需要有人入驻下沉市场，来帮大病患者做筹款服务。

第三，捐款者捐款得绑定手机号。它是利用微信做社交传播的筹款平台，如果用微信账号一键登录就能捐了，为什么还得让用户绑定手机号？我觉得这个动作完全是在提升捐款者的捐款门槛，让筹款者筹款更难了。应该取消绑定手机号的规则，用微信一键登录。

并且，我们做了两个月水滴互助之后，我就感觉到在中国永远有些人在一定时间范围内不会主动买保险，不管是因为个人经济问题、侥幸心理，还是各种原因。但是有了社交筹款平台，只要把这个平台做起来，我们不仅可以帮助筹款者，还可以教育这些捐款者，让他们有主动买保险的意识。因为当有人筹款，筹款信息在你的朋友圈和微信群里出现，就是给其他人做一个风险提示和教育。

所以我就坚定地要做这个业务，并且我觉得这是我们的使命和愿景边界范围之内的事，一定要做。于是就坚持做了。

但是启动的时候，你想想，公司刚成立两个月，账上的钱也是有限的，只融了一笔天使投资，第一个业务还没做太好，又要做第二个业务。所以其实我们有些投资人是反对的，很多同事也是反对的。

但我认为这两个业务，也就是水滴互助和水滴筹，是相辅相成的。水滴筹让更多人有保险意识和保障意识，让人去买水滴互助；而通过水滴互助，有人被赔付了，如果钱不够，依然能发起水滴筹。并且，筹这个业务虽然有很多人做，但中国没有一家公司在认真地做，我觉得我要把它重新改造，所以就搞了。

刚开始做，我只调过去了一个人加两个半个人。

李翔：当时公司多少人？

沈鹏：当时公司20来个人。调过去的人中，一个人专注地当水滴筹的负责人，另外两个同学一半时间忙活水滴互助的事，另一半时间助力水滴筹这个业务，勉强算三个人在搞这个事。搞了半年的时候，其实我们平台上的筹款规模是市面上前两三名平台筹款规模的 1/30~1/20。但我觉得那半年的时间是足够有意义的，并且头部的平台也没有真正地以用户为中心来做事，我就觉得还是要坚定地去做，这期间也就不停地从 3 个人变成 4 个人，变成 5 个人，有了更多的投入，我也花了更多的精力。

我是在 2016 年 4 月从美团离职，启动创业的，5 月上线了水滴互助。水滴筹是 2016 年 6 月底上线的，但是水滴筹真正成为行业第一，以单月来看成为行业筹款规模最大的平台，是在 2018 年年初，基本上是在上线一年半之后实现的。

李翔： 开始的时候，投资人，包括一些同事反对，是因为他们觉得会不聚焦吗？

沈鹏： 公司钱有限、人才有限，水滴互助就还没有做出来，没做成绝对的第一，咱又搞第二个业务……

李翔： 我一直以为对你而言，这几步是一开始创业时就想好了的，原来不是。

沈鹏： 很多人都喜欢畅想，把一个公司的战略想得非常清晰，但其实有时候也是在摸索着做。我们只是觉得，互助在当时那个情况下 OK，我们一步步在做。同时，我们看到了另一个场景，大病筹款和医疗互助是相辅相成的，是一个协同业务，在那个领域又没有靠谱的公司，又觉得在我们的使命、愿景范围之内，那就做。其实那一年半里有很多的反对意见，但我还是一直在坚持。

李翔：就是战略定力。

沈鹏：其实是因为我觉得，我们一边要能服务很多老百姓，能帮他理赔、帮他出钱，另一边才有议价能力去找服务端和药企，去争取折扣或更高质量的服务标准和服务内容。所以我觉得这个事是有意义的。

并且我们要是当时不做，以后更没机会。因为我觉得这个业务是有先发优势和规模优势的。你的筹款链接在微信朋友圈、微信群里出现得越多，你的品牌曝光就越多；品牌曝光越多，你就越有可能抢占用户的第一心智，当他周边有人需要筹款，他就会想到用你的服务。

李翔：我挺好奇怎么判断一个业务可能先发优势比较明显，有的业务可能就算落后一点也无所谓，或者说后做也无所谓，甚至还有后发优势。怎么判断？

沈鹏：我是这样理解的，它和这个业务的中长期市场格局什么样可以说是同一个话题。为什么中长期市场格局是一家独大？因为它有双边效应和规模优势，有不可取代的壁垒。为什么中长期市场格局是散状的？因为没有这个优势。但是它不是绝对的，具体怎么判断？我觉得还是 case by case（具体问题具体分析），没有绝对的方法论，还是要深入产业之中，结合你的模式的特点和产业属性来看。单看水滴筹这个模式，因为要看在微信朋友圈里的曝光量、抢占用户心智的节奏、用户找到你链接的便捷性，所以它就是有先发优势和规模优势的。

合作共赢和适可而止

李翔： 你的第四个信条是"合作共赢"，这个想法在你的观念世界里面是可以跟竞争并存的，是吗？跟"物竞天择，适者生存"并存？

沈鹏： 我理解的是，在大的社会里，任何一个行业的竞争都应该是良性的竞争。本质上，大家的第一利益应该是让行业更好，而不是说为了竞争毁了这个行业或者自残。所以我觉得，合作共赢这件事，既有外部的，就是公司与公司之间的，也有内部的，就是同事与同事之间的。大家之所以去创业，都是为了让自己更好，让社会更好，还是为了共赢。同样都在这个赛道里，我相信大家都是好人，肯定没什么坏人。要是坏人，他也懒得去干我们这些事，一定干不久。大家本质上都是好人，也都是在做好事。竞争是让自己更好地去进化，而不是说毁了这个领域。博弈最正确的境界，不是零和博弈，应该是零和以上的博弈。

李翔： 如果它长期来看是一个721格局，甚至是一家独大格局的话，怎么跟其他人合作共赢呢？

沈鹏：其实最明智的竞争应该是快速转型，或者就合并。干到一定程度，就不要在这里耗了。优秀的互联网创业者是有限的，大家应该把自己的青春用在创造有稀缺价值的事情上。

美国的创业环境和创业生态相对比较成熟，很多领域打到一定阶段，还没到很惨烈的时候，很多人就主动不干了，要么就合并了，要么就另起炉灶了，都是双赢的。你会发现 PayPal 的那场合并①，合并完就是大家共赢了。第一名去实现梦想，第二名梦想没实现，但它助力了梦想的实现，自己也财富自由了。这都是更明智的选择。

李翔：为什么中国创业者的竞争就这么惨烈？

沈鹏：我觉得这是我的价值观，但每个人都有自己的价值观。我希望大家有自知之明，做的时候全力以赴，不 OK 的时候也适可而止，就是这样。大家肯定得有自知之明啊。

李翔：对，这个很重要。大部分人其实是没有的。

沈鹏：但我希望我的同事们是这样的。我不太管我们的友

---

① 指的是埃隆·马斯克创办的 X.com 和彼得·蒂尔（Peter Thiel）创办的 PayPal 合并案。这起合并让两家公司得以停止竞争，专注发展 PayPal 的第三方支付业务。合并之后，马斯克离开公司，创办了太空探索技术公司（Space X），并投资了电动车公司特斯拉。

商会怎么样，但我们还是力争和友商们更良性地一起发展。比如我们的水滴筹业务，我们主动联系民政部，和主要的友商一起，在民政部的指导下成立行业自律公约组织。有一个友商违背原则，其他人就站出来告诉他这样不 OK，希望两天内赶紧整改，而不是说我们也去做违规违法的事。

李翔：合作共赢不仅是对内的，对外其实也是这样。

沈鹏：对内当然也是。我找合伙人，我是很愿意上来就谈好利益分配，给一定的基数作为我的态度的。创业真的不是一个人就能把事做成的，现在是术业有专攻的时代。我觉得凡是强调公司人才要高配、管理岗要高配的创始人，都是很明白"合作共赢"的。真的合作共赢肯定要找高配的人一起合作，你肯定是希望和 N 个跟自己一个水平，或者比自己更高水平的人一起合作共赢，而不是说找一帮比自己差一大截的人去合作。你找的公司高管肯定是和你相互成就的，不是说你拉他来帮忙，或者你来成就他，肯定得是真正匹配度高的合作。你要是找人，一个关键岗位，你发一个很差、很没竞争力的 offer，结果对方就来了，那你也很难相信这个人的水平和竞争力。

李翔：你们找人，会从哪些行业找？

沈鹏：还是要看岗位的本质。有些岗位看对标公司，对标头部公司；有些岗位看技能的本质，这可以跨界去找。

我要找高管的话，如果是电商运营类岗位，或者是产业互联网相关的核心业务岗位，优先看的是美团和阿里的人，因为他们管理更有章法，并且在激烈的竞争中训练过——管理确实是一个独立的实践科学，靠谱的实践经验还是很宝贵的。

有些岗位可能是看它的本质，比如说要找一个协助我融资的人，说白了，看的是融资这件事到底需要什么能力。公司能否融到钱以及能否用好的条件融到钱，还是看公司的本质。一个候选人有一定的思考能力和沟通能力，能够把公司战略和业务讲清楚，并且会算账、能谈条款，那他其实也未必非得之前就在某个公司担任过融资负责人才可以担任水滴的融资负责人，只要具备这些素质就 OK 了。

视野或"开天眼"

李翔：你列了自己的自驱成长要素，其中包括"视野"，包括上次我听你讲，你也会鼓励大家抓住机会去"开天眼"，你自己是通过什么方式去打开自己的视野、去"开天眼"的？

沈鹏：其实我创业这几年，有一件事确实挺上瘾的，就是上创业培训班。我说的比较俗，人家可能不接受我这样的叫法。我说我上的是创业培训班，可能哪家都不高兴。

李翔：回去就被开除了。（笑）

沈鹏：精髓肯定是组织创业者们共同学习、成长。或者把我去的这些班叫作创业公司 CEO 学习成长组织。

李翔：没关系，别管它叫什么了。

沈鹏：我是 2016 年读了清华大学五道口金融学院的创业领袖班首期班。我一创业做水滴就选择了报这个班，也是很积极地面试、参与，因为水滴在做的事情本质上还是保险。保险是对专业能力要求比较高的一个产业，也是重监管的产业。我过去那几年都在搞互联网，所以我觉得还是得重新进入这个圈子，重新在五道口被洗礼一下，真正地敬畏这个产业。用互联网助力这个产业的改变，不仅是凭自己的想象力去创新，还是要尊重规律、敬畏风险。

我去五道口金融学院是强化我对金融规律的认知，对风险的认知。有些监管领导来分享，其实也是让我更多地了解了监管的思维方式，了解如何在合规的范围内把创新给实现了。

紧接着，2017 年我又去了混沌创业营①。混沌大学的李善友教授最擅长的是讲创新，讲你如何发掘到自己的第二曲线、提炼自己的第一性原理这类东西。在混沌创业营，一方面我觉得在创新方法论上有了一些强化，另一方面是看到了更多优秀的创业者，看到了他们的奋斗精神和一些长板。

当然，我觉得我上任何一个班，都还有一个最大的收获——入学的时候同学是一个状态，上了几次课之后，你会发现很多人的状态在变。你在班里认识他的时候感受到一种状态，看到他公司业务的变化，看到他人的变化，其实你从他身上能学到很多东西，因为他掉过的坑、走过的弯路，你用近距离旁观的方式都看到了。

李翔：所以看到了长板之后，还看到了短板是吧？

沈鹏：其实你就会少走弯路了。比如，我在五道口金融学

---

① 指的是混沌大学专门针对 CEO/ 创始人设立的一个课程体系。

院也有看到创业者经营金融业务暴雷的，这让我对金融风险更敬畏。我觉得监管要求那些东西都是合理的，是怕你创新过度带来更大的风险。

包括混沌创业营，一年只招 40 个人，都是明星创业者。跟我一个班的同学有猎豹的创始人傅盛，有前汽车之家 CEO 秦致，有 ofo 创始人戴威，有英语流利说的王翌，也有 A 股上市公司彤程新材的董事长张宁和九号公司的董事长高禄峰，总之很多同学都很优秀。你能看到这些人为什么能成功，也能看到往前走遇到了弯路是因为什么。你能看到大家的长板、短板，看到公司高光时刻他是什么样子的。其实无形中也在提醒自己，让自己尽量能够把每个动作都做得更稳。

接着，2018 年我又去了青腾大学，青腾未来科技班[①] 首期班，同班同学有知乎的 CEO 周源、摩拜的 CEO 胡玮炜、富途证券的 CEO 李华等。这样的一年，让我对腾讯更理解了，在生态组织和组织创新方面也受到了一些启发。以前我更重视组织管理和执行，在创新上其实是比较自上而下的；青腾更多的是腾讯的思想，是自下而上的、生态化的。很多 to C 业务还是需要大家能够自我激发创新的，不能完全自上而下。

李翔：后来水滴有开始尝试自下而上的创新吗？

---

① 指的是由清华大学经管学院和腾讯青腾大学联合推出的清华—青腾未来科技学堂。

沈鹏：我们的财商教育项目就是这样的创新，负责人邵文原来是在我们公司做在线营销的。他说这个项目无形中也可以给我们补充一些用户，可以把用户的层次往上提一提，也能助力卖保险。我犹豫了很久，然后还是决定让他做。我觉得也要适当考虑大家的主观能动性。学费还是要交的，肯定比自上而下的战略驱动交的学费要多一些。但我觉得它有它的好处，它能在你的盲点之外看到更多想法。环境要开放，正儿八经的投入要严谨，但是立项和试点我觉得要宽松。你不能太紧张了，太紧张就会放不开。

李翔：嗯，我们接着回来说怎么"开天眼"。

沈鹏：对，然后到了 2019 年，我入学了湖畔大学。腾讯学完了，该学阿里了。中国最知名的两家成功的互联网巨头，都要去学习。上 CEO 班确实是我现在最大的"开天眼"方式，我觉得能看到更多创业者的成功、失败、弯路和成长的路径。这其实让我更敬畏创业这件事，也可能让我少走不该走的弯路。

你要是只从新闻稿里了解，任何一家公司可能都是高光时刻占大多数，至暗时刻很少。你要是真的面对面真实地了解一个人，肯定比看书或者看新闻稿了解得更全面、更丰富一点。在湖畔大学，其实很多创始人我都交流得比较多，比如理想汽车的李想、优信的戴琨、智米科技的苏峻、水星家纺的李来斌，我和他们都经常聊。

最近和戴琨的一次交流让我收获比较大。虽然戴琨刚刚走出他的至暗时刻，但是前几天我俩在一个火锅店吃晚饭，他很淡定、很坦然地跟我分享他曾经掉坑、卖业务、迈出坑等的历程。旁边好几桌的人都不停地往我们桌看，以为我们俩在吹牛。说心里话，我觉得这都是真实的某一个时刻的感受或某一个阶段的感受。了解他是怎么克服的，收获还是很大的。

李翔：你是刻意要找他聊天的吗？

沈鹏：在创业这个话题上，我们经常交流，算是挺聊得来的。其实有时候两个人还没有熟悉到一个程度，都没进入那个状态，你跟他聊也聊不了几句。我们这几个人正好上课老一起坐飞机去杭州或回北京，就越聊越深入了。

李翔：你觉得你们公司或者团队的短板、盲点是什么？

沈鹏：了解了很多同学的创业历程之后，我总是定期警示同事们，我们过去可能运气很好，但这不是我们的能力。我们需要快速地把很多短板还有盲点都补上。

我觉得我们前几年所处的阶段是互联网助力保险销售的阶段，你能找对场景，能把用户和产品匹配正确，其实这个生意规模就起来了。但是现在这个阶段，我们是进入深水区了，需要对整个保险的链条和整个产业链理解得足够深刻，能够站在一个用户从买保险到续费、理赔的整个生命周期里，深刻理解每一个环节的要点，理解用户的真实需求，把关键点把握好，这才更重要。

在这个阶段，其实我盯理赔，比对保险怎么卖关注得多得多。我经常会看我们处理的理赔案子，而且只要有朋友询问我理赔相关的事情，我绝对不会把案子转给客服，肯定是交给我们的主管，看他怎么处理。我还会追踪过程，抽样了解一下理赔的处理时长，七七八八的。因为理赔才是决定我们长期口碑、长期品牌的事情，才是决定能不能水滴石穿的事情，而不是说什么保费交易额一个月比一个月高。现在已经不是那个阶段了。

李翔：对，它是个很好的抓手，可以让人去了解深水区的情况。你最近的一次"开天眼"是什么时候？

沈鹏：这样说吧，我上创业培训班，除了在五道口金融学院第一次上课，我看到很多同学都很优秀，很想让大家更关注一下我和我们公司，就在自我介绍上花了很多时间，第二次上课开始一直到后边，我更多的是作为一个冷静的旁观者和小范围的深度交流者。

我慢慢找到了参与这种 CEO 班的最佳状态，就是大家聊天的时候，我能跟着一起听，偶尔问一些问题，更多的是听大家在聊什么、分享什么、关注什么。然后，个别我比较关注的公司的 CEO，或者我觉得能聊得来的有深度的 CEO，就去做一些深度交流，单独约个饭。

我觉得这是一种很好的学习方式。因为你日常在公司里，很多同事不会跟你深度恳谈，更多是你在和别人深度输出。公司里，一个 CEO 最常见的状态是自己输出给别人，天天自己输出，得到反馈的机会相对于输出是少的，并且很多同事即使给你反馈也是有所保留的。你的关键同事或合伙人，即使是坦诚的，反馈时间也是有限的。但是在上课的班里，你请教别人问题或听别人聊的时候，你会有个换位思考的过程，就把很多事想明白了。而且，当你要做一个决策的时候，请教一下别人，其实也能看到更多的做法和思路。

李翔：还是必须得自己看过或者做过一遍。

沈鹏：过去我看到过很多公司做业务不专注，一时兴起，做了好几个和原有公司主营业务沾点边，但又不是那么相关的业务，导致公司掉坑里了。这让我理解到，互联网公司真正的边界，也就是使命、愿景、价值观，还是要坚守好。今天嗨了做一个业务，后天看到便宜就做个财务投资，这就是没有把原来规划的战略做得更好，走了弯路。其实现在的创业公司需要把核心业务做到极致，这最关键。

李翔：兴哥说要更多地关心能力，不要关心边界，这怎么理解？

沈鹏：我觉得这是媒体给他提炼出来的一个吸引人的语句。我觉得逻辑上，应该是在本地生活服务电商领域，不应该太关注边界，应该更关注用户体验和更美好的愿景怎么实现。这是我对兴哥的理解。

李翔：就这个你跟他交流过吗？

沈鹏：我没有和他专门针对这个话题深度交流过，还是基于过去我对他的理解，也看到他拒绝的很多事情，感受到他其实很专注。他投理想汽车，也是因为未来的无人驾驶和新能源汽车的普及，能够助力美团的无人配送，以及让商户更低门槛地来做外卖生意。比如，商户可以把店开到车里，把车开到订单量最聚焦的地方，来更灵活地做生意等。我觉得他还考虑到了长期的战略协同。

李翔：他说完那句话之后，就被贴上了"无边界"的标签。

沈鹏：我觉得兴哥还是非常专注在自己的使命、愿景范围之内的。

愿景驱动

李翔: 我了解了你公司的愿景,你个人的愿景是什么?

沈鹏: 我用的话是愿景和梦想驱动。本质上,我觉得一个人的青春是有限的,时间是有限的,生命是有限的,还是要把它用在自己认同的、有意义的事情或喜欢的事情上,而不是说只要赚钱就做,或者一时觉得好玩、好奇就非得去做。

我理解的喜欢和认同的事情,一定是自己认为愿意为它奋斗大半辈子的一个事情。我觉得这就是愿景。

李翔: 你自己是什么时候开始有这个想法的?

沈鹏: 脑子里明白这个东西是小学五年级的时候。那时我因为调皮被电伤了,住了一段时间院。到现在头部这个伤疤还在,虽然恢复了,但毛囊也破坏了,胳膊部分位置也脱过一层皮。住院那段时间就让我感觉生命是很宝贵的,一定要把时间用在自己认为有意义的事情上,不做那些自己认为没意义的事儿。所以,有这个初级的想法,是从那段时间开始的。

真正开始把它往行动上落,是上大二的时候。当时我看了很多跟创业者相关的文章和视频，包括《赢在中国》[1]，包括鲁豫访谈一些创业者的视频。我就觉得现在这个时代、大环境能够支撑我们这些年轻人自由地去选择创业了。还是有这个机会的，不是说一定得按部就班，非得找个工作怎么样。

到了大四的时候，我看到饭否网被关停的新闻。开始时觉得有点可惜，过了几个月又看到一篇文章，是《第一财经周刊》的封面故事，叫《那些忧伤的年轻人》，那期就讲了一下王兴、陈昊芝（译言网创始人）等人。那篇文章就把我激发了一下，因为那篇文章里把王兴写得……

李翔：悲情？

沈鹏：对，但我就觉得挺认同的。他在里面流露出了对团队的认同，对创业成功的渴望，还有对趋势的前瞻性，我看到了他的很多亮点。里面提到他的团队未来还要再做事情，我第一反应就是要赶紧找王兴聊聊，想要去跟他一起做一个有意思的事情，同时锻炼一下自己独立创业的能力——我觉得我未来应该还是会独立创业的。

后来，我就给王兴团队不同的人发邮件，然后来面试。面试过了之后，我就跟着王兴在华清嘉园参与美团的创业。当时美团还没上线，连网站都没有。有一天我给我奶奶打电话，说

---

① 这是中央电视台的一档全国性的商战真人秀节目，获胜者可以获得企业提供的一大笔风险投资。

我加入了一个公司，公司老板非常好，待遇、福利也都非常好，大家都一起吃一起住。我说的一起，是大家忙得比较晚，就在办公室里睡了，打地铺。奶奶一听，以为我加入了一个传销组织，就很慌，跟我爸妈说，赶紧把他拉回来，哪怕是回老家找份工作，老老实实的就行。

但是我很坚定。因为这件事，我专门回了趟山东老家，我爷爷奶奶、我爸妈，还有我表叔，那天都在家里坐着等我。

李翔：相当于家庭会议。

沈鹏：大家给我做思想工作，让我毕业之后赶紧回老家找工作，别在北京瞎混，担心我这个节奏以后得出事。我就花了一晚上的时间，讲了很多想法，讲了未来想创业，讲了我想成为一个什么样的人。我说我是一个有梦想的人，我不想像你们这样，在老家天天朝九晚五地上下班。说了一晚上。

李翔：那时候跟大家说你想成为什么样的人呢？

沈鹏：说我想成为一个企业家，想成为一个白手起家创业、改变这个世界的人，我希望我周边的人，包括你们，都能够使用我的产品，并从中受益。他们听了很懵，因为互联网他们也没那么懂。我爷爷还当过县里的乡镇企业局局长，乡镇企业局就是帮人创业的，帮助那些村办企业、罐头厂什么的，他听了都有点懵。

李翔：不容易。

沈鹏：那次是第一次真实地把这些东西都表达出来。从那之后，其实我经常会掩饰不住自己内心的想法，经常会跟同事聊，说我未来还是想创业，感兴趣未来可以一起干。

李翔：王兴他们知道这事吗？

沈鹏：知道，知道。我给王兴和老王（美团联合创始人王慧文）①也都表达过，很严肃地表达过。并不是说我面试的时候没有表达过，只是没有表达得那么清晰和自信，后来就很清晰、很自信地表达了。这可能和我在美团做出了点成绩，感觉自己还是有这个能力的有关。

我表达了我想创业，想像兴哥一样白手起家做一家伟大的公司，让周边的人能够使用我的产品或服务，我想追求一种成就感和个人价值。老王和兴哥听到我这些想法之后，在日常的工作中，是把我当成一个创业者来给我做辅导和反馈的。他们反而在工作中对我要求更高了，更加从一个创业 CEO 的角度、一个储备总经理的角度来要求我。做绩效面谈的时候，老王经常跟我反馈，做一个领导者，需要有决断力、有激情、有各方面的能力，在日常工作中分别应该怎么体现出来。其实反而对我的帮助更大了。

---

① 后文提到"老王"时，指的都是王慧文。

创业者看待创业者可能是带有一种天然愿意支持的心态。比如，我刚从美团离职的时候，美团的老同事出来创业，找我投资，别管看不看好，我多多少少都投了一下。其实并不是说要怎么样，就是创业不易，要支持一下。当然，现在不投了，因为我觉得投了也帮不了忙，还不如告诉他就聚焦，把自己的事做好，找专业投资人就完了。

奋斗和讲究方法

李翔：你列出的第三个自驱成长要素是"奋斗"，现在公司的年轻人能够理解这种朴素的词语吗？还是会认为这是职场套路？

沈鹏：其实我们公司默认是有一个成年人的文化。不懂得奋斗的人，他真的就默默地自我淘汰了。我们的文化是说给真正有上进心的人听的，我想让他们坚定这种状态。其实这和"物竞天择，适者生存"，和我前面说的很多东西都是密切相关的。

我们每个人做的一切都是在借假修真。奋斗的过程中，你干着打工的活儿、操着老板的心去工作，和你为了完成一份工作而去工作，收获是不一样的。同样都是花一样的时间和劳动力，为什么不更用心地去把它做得更好呢？

我还是说给能听得懂的人的，听不懂的人你再给他说也没有用。公司里也有很多90后同事确实是很拼的，但是拼的过程中，他们无形中就得到了相对于同龄人更多倍的成长。

给你举个例子，关于我们公司一个同事的。我之前去清华五道口金融学院做一次关于创业的分享，分享完之后，有一个学生就加了我的微信，问我能不能来水滴公司实习。我说我非常喜欢读大二、大三时就知道出来实习、折腾的学生。后来，我就把他拉到水滴来了。他是大三即将过去马上到大四的时候来水滴实习的，后来还保送了清华五道口金融学院的研究生，但依然大部分时间都在我们公司里工作。

实习期间，他每一项工作都做得比较超出预期，对比较复杂的事务也都敢于承担。他是1995年生的，25岁，但你发现他承担的事情确实高于同年龄段的人。目前我让他独立负责水滴公益平台相关的工作，这本质上也是一个五脏俱全的独立业务。敢让他负责这个事，不是因为其他原因，就是因为他很多时候能把事情做得超出预期，并且这些超预期的事情很多都是一些复杂的事务。他能掂量对工作中哪些是重点，能够全力以赴把握好事情的本质，做得更好。

李翔：是因为你讲了自己大四去美团实习的例子，所以他才来找你实习的吗？

沈鹏：具体我就不知道了，但我分享的时候肯定讲了。

李翔：这样找上来的人多吗？

沈鹏：有一些吧。但你会发现，很多人的主动，是那种连简历都不投，堵到大门口说要加入我们的。可能是被心灵鸡汤似的采访误导了。

我觉得一个人要是真的认同一件事，还是要理性地去加入一家公司，也别太激动。冲到公司大门口一定要加入的，我也聊过几位。个别人加入公司的动力更多只来自看完一篇文章，情绪上来了，并不是想清楚了为什么要加入，也没想清楚加入后希望修炼什么样的能力和职业期望等方面的事情。如果只是看完了一篇文章很激动，那我先劝他冷静冷静。

李翔：比如说，你在公司门口碰到一个人，特别激动地想要加入你们，你会问他什么问题？然后就能够判断出他是想清楚了，还是只是一时的情绪？

沈鹏：我还是会坐下来和他好好聊聊，毕竟大老远过来一趟。我会问他为什么要加入，他个人对自己的未来有什么期望，比如说对 10 年之后的期望什么的。如果说没想过，我就觉得他可能没有把这些事想透，可能就是想加入一个靠谱的早期公司的那种心态。我一般会劝他，"你还得想想你未来想成为什么样的人，你到底想追求什么，毕竟加入创业公司是有风险的"。

李翔：比如你刚才举的例子，他打动你的是什么地方呢？他讲清楚了是吗？

沈鹏：他先问我招不招实习生或应届生，然后介绍了下自己，我说招。但我觉得还是得认真面一下，就让他第二天来公司好好聊聊。

李翔：你自己面吗？

沈鹏：自己面。聊完了之后，我发现他是一个非常有规划，并且做事讲究方法的人。一个大三的学生能够有清晰的规划，做事很讲究方法，我是挺想让他来实习的。而且随着时间的推移，他做一个一个小任务，目标都挺清晰，做得比较扎实。

其实你绝对不能用面试来给一个人打一个绝对的标签。年轻人的变化是很快的。成长性非常强的人，你会发现每半年聊一次，或每半年重新评估一下，他都在成长。有些人可能成长性不强，或者规划不清晰，做事不讲究科学方法，也不够努力，你会发现他有时候反而还会倒退。随着时间的推移，他会变得更消极。

所以我觉得，一个人在公司的命运一定不能是由入职前的谈判来决定的。面试有时候可能也有一些偶然性，还得用实践来评估一个人。包括我发 offer，别管是一线的 offer，还是高级管理者的 offer，不论面试聊得多好，一线岗位我们一般都不会预先发期权，高级管理者岗位也只是先发一笔尊重性的期权，真正严肃地发期权是他入职半年后的评估节点的事，那时再认真评估他的能力。我觉得任何公司都有打酱油的人，而且一个再优秀的人，在不同阶段的状态也是挺不一样的。

李翔：你觉得如果是大三时的沈鹏现在来面试水滴的实习生，能面上吗？

沈鹏：我觉得能面上。我当时去美团是给 CEO 和几个关键人发了邮件，并且在面试时讲明白了我是一个什么样的人、我的长短板、我对未来的期望，以及我想加入是因为我未来也想创业，但我现在就想全力以赴跟着老板把事做成，把这些要点讲了一下。

其实第一个给我打电话的是郭万怀（美团联合创始人，曾跟王兴一起创办校内网和饭否网）。她拒绝了我面试产品经理的岗位，但在她拒绝之后，我争取到了去办公室聊一聊的机会。

李翔：能打电话给你拒绝也算不错的了，大部分情况应该是没有消息或者直接邮件拒绝。

沈鹏：她打电话跟我聊的。因为我给郭万怀邮箱投的是产品经理岗位，郭万怀说，整个美团现在还没有产品经理，要招的是第一个产品经理，CEO 要亲自带。这个岗位要求挺高，但是看我现在的经历，以前没做过互联网产品相关的工作，之前也没有过做产品经理的规划，觉得我没做好担任产品经理的准备。确实，之前我没有担任过产品经理，但我说，我就想加入这家公司，如果你觉得我可以跟着一起把这个事做成，一个人未来可做的事也是可以变化的；如果你觉得我不适合做产品经理，我也可以做运营类或者商务类的岗位。

后来，她又让另一个人，也就是杨锦方给我打了电话。其实就像那句话说的，当你认同一件事，哪怕这件事不是自己做的，而是别人做的，只要这个事对，并且非常靠谱，那就别管是什么身份和什么岗位，一定要去加入，因为火箭都要飞了。

李翔：如果有个机会能上火箭，先别管什么位置。

沈鹏：对，如果火箭马上起飞了，还管冲上去坐在什么位置？我觉得，当你遇到自己认同的事情的时候，具体做什么岗位并不是最重要的，参与这个共创才更有意义。虽然我没表达出来，但我当时其实就是这样想的。

执行力

李翔： 你一直是个执行力很强的人吗？还是说它也是一个过程？

沈鹏： 我想清楚了的事，肯定是执行力非常强的，我本身性格也是比较追求成就感，是偏急性子的。想清楚了的事情，我肯定还是追求极致，并且能更早地把它给做得非常好，更有效地做。但我要是没想清楚这个事情，我是相反，别人催了很多遍，我可能都不知道跟他说什么。因为我怕没有把自己的思考表达清楚，反而把他误导了。甚至我都是会憋好几天才跟他沟通。

我觉得执行力这个事是相对的。真正的执行力应该是想得足够清楚的时候，你拼了，这才是执行力。不是说你什么都没想就瞎搞，那不是执行力。

李翔： 执行力应该是可以有一套方法来保证的吧？

沈鹏： 其实就是杰克·韦尔奇（Jack Welch）的管理方法。到现在我还在公司内部推杰克·韦尔奇的管理方法，相关的书包括《杰克·韦尔奇自传》《赢》《商业的本质》等，也包括《关乎天下》，就是关明生（曾任阿里巴巴 COO）写的那个小册子，这本小册子可以理解为杰克·韦尔奇一系列书的简化版。阿里现在的相关培训虽然很少提杰克·韦尔奇，但我认为阿里最早的管理精髓是来自杰克·韦尔奇的管理方法，这是关明生带过去的。甚至美团，虽然听说美团内部现在也很少提杰克·韦尔奇了，但美团内部很多常用的管理理论也是来自杰克·韦尔奇。

李翔：你有过拖延症吗？

沈鹏：我在没想清楚的很多事上都挺拖延的。包括我认为重要的事情之外的很多事，要么就利利索索把这个事给拒了，要么就是表现得很拖延，潜意识中把排序持续推后。

自驱力

李翔：怎么衡量一个人的自驱力强不强？

沈鹏：自驱力就是《高效能人士的七个习惯》里的积极主动。当然，我真的觉得《高效能人士的七个习惯》值得在我们公司内部持续规模化地培训①。原来我只是提倡，但没有强调规模化培训和考试，没有严肃地往下落地，最近才提出来。

积极主动不仅是一种心态，也是一种状态。我最后一次看表是凌晨 4 点，但不耽误我今天早上按时起床来公司。虽然某段时间里有点疲惫、有点困，但是我该怎么干还是怎么干，依然很嗨。首先，它是一种心态，带来了这种状态。

另外，它也是一种习惯。你能够站在多赢的思维上去推动很多事，去承担很多事，去不停地迭代自己。我觉得这是一个靠谱的人应该有的状态。

李翔：所以你对你的自驱力还蛮自信的，是吗？

---

① 关于高效能人士的七个习惯，具体内容见附录 1。

沈鹏：我上了一个又一个 CEO 班，有个别的同学对我说，真佩服你，因为我上第一遍就特别怀念周末睡懒觉的感觉，结果你这几年一直就这样上，没停下来过。其实我周末事也排得很满，要么陪家人，要么上课。上课的时间在每个月至少占周末的 1/4，公司开会的时间又占一个月里所有周末的将近一半。

我希望自己能更与时俱进。自驱力也来自我因外部环境产生的危机感，来自对自己成长不够快、万一成为公司天花板的这种危机感。大变局时代，外部环境持续在变，现在这个时代的创业公司，特别是在 to C 这种竞争激烈的领域里的创业公司，真正的成功更多来自你的认知领先于友商一大截，并且能够坚定地把这个正确的事做到底。它确实来自自己认知的升级和持续的迭代。这个升级和迭代，一方面，需要你偶尔能够和外部环境里相对靠谱的人有一些交流和碰撞；另一方面，你也要去定期地反思并将它落到行动之中。这是同自驱力和执行力都密切相关的事。

李翔：有些朋友可能也会问你，你上这么多 CEO 班，会不会觉得你用在公司内部的时间会被分散掉？注意力会被分散掉？

沈鹏：我基本是说服了大家，或者说用行动证明给大家看，没有出现这种情况，反而定期给大家输入了一些更领先的视角或者认知。上 CEO 班的本质是在做战略。你听别人讲，自己思考，就是一种思考战略的方式。

一个公司的战略很少有不是来自 CEO 的。这个公司的 CEO 想要把更靠谱或者更正确的战略做出来，其实他需要思想的碰撞。但是这个思想的碰撞，有时候在内部很难几个人完全敞开放松地去聊。就算有，也只是有限的机会。反而和外部的 CEO 成为朋友，上课之余敞开了聊的时候，可能激发的速度会更快。

有一次我们湖畔五期班的同学们聊天交流的时候，某位同学说过一个观点。他说一个公司的创始人能够把正确的战略做出来，必须得有人是 CEO 的心理依托。所谓的心理依托，就是 CEO 敢把所有好的、坏的、各种各样的话都说给这个人，可以一起来碰撞。确实是这样的。但是一个创业公司 CEO 的合伙人能不能成为 CEO 的心理依托？其实是不一定的。因为很多人虽然叫合伙人或者联合创始人，但未必会站在公司一号位这个位置去思考，所以你俩有时候可能真的无法同频地去交流。再加上你又定期在外面"开天眼"，有时候你们这个距离就拉开了。所以你得在外边学完再回来，你得经常碰撞。

"以战养兵"

李翔： 你把自驱力列在自己的当前能力圈里，自驱力是天生的吗？还是说可以后天去把它培养出来？

沈鹏： 其实我现在越来越认同一个观点，你要是真的完全站到培养人的角度讲，可能就算到这个公司废了的一天，有些人也未必培养得出来，人不是完全靠培养的。公司在竞争中也要用更高效的方式让自己变得更有竞争力。第一，你得识别出来一个相对优秀的人，甚至是非常优秀的人，把他给拉过来，在"战斗"中"以战养兵"，让他成为一个更优秀的人。"以战养兵"是对他的培养，给他机会是最大的培养。

《高效能人士的七个习惯》这些七七八八的培训，只是个辅助。如果他天生是有自驱力的人，是有愿景的人，跟事情的天时地利匹配得对了，自然会变得更优秀。要是没有愿景，没有自驱力，你再培养，他吸收到的东西也是有限的。即使是同一个人，来的时候状态、心态不一样，几年之后差别也会非常大。

所以，我认同招人比培养人更重要。招人是主线，"以战养兵"是主线，培训、培养是辅助。

举一个最简单、最真实的例子，这个例子让我也很有感触。王兴在 2011 年下半年搞面对公司全员的 CEO 面对面的时候，竟然一个六七十人的会议室是坐不满的，但那时候美团总部有 1000 多人，即使大家在忙，我觉得坐满六七十人也是应该的。王兴是一个极度优秀的人，2011 年的美团也是在节奏上的一家公司，增长速度非常快，虽然当时的很多员工没想到美团能够成为如今的本地生活服务电子商务巨头，但是我觉得那个阶段公司里有自驱力的人，应该王兴的每场面对面都挤出时间，尽最大的可能来学习。现在来看，这种学习机会是多么宝贵啊。

李翔：CEO 面对面是所有人都可以来的吗？

沈鹏：对。其实美团靠谱的人也是有来有走，在"以战养兵"的过程中慢慢沉淀下来的，不是说一上来大家就都很优秀。

李翔：你也见了这么多 CEO 或者说世俗上成功的人，你见到的那些人都符合你这个模型吗？还是说他们也是各有各的特质？

沈鹏：我上了各个班之后，开的第一个"天眼"就是成功的人各有成功的方式，很难复制。但是优秀的人在他独有的优势的前提下，大部分都是非常自驱的，都是极度善于思考的，都是很有理想的。对优秀的 CEO 来说，这些东西都是基本面。这些东西不是他成功的独有的优势，但基本面还是具备的。

互联网打法

李翔： 你的当前能力圈的第二条是，用互联网打法去改良线下有待进化的靠谱产业。你认为的互联网打法是什么？你有总结过吗？

沈鹏： 我觉得互联网打法还是利用互联网这个先进生产力，更好地来改变原有的产业。这个先进生产力指的就是快速迭代的精益创业理念，通过大数据总结规律或特征等更科学的打法。在各个方面，包括闭环程度、便捷性等，更好地应用到一些发展不够科学有效的行业中。当前阶段，互联网打法更多的是在原有产业里做提效。

李翔： 就是在提高效率。

沈鹏： 对。在提效之外，更多的还是要尊重原有产业的规律，去思考怎么把它做得更好。光有效率是不够的。就拿理赔这件事来说，你是一分钟就能给他赔，但是你赔错了，不该赔的你赔了，该赔的你没赔，那其实这个提效就是没有意义的，确保理赔 100% 精准度的提效才是有意义的。还是得考虑到行业客观的规律和本质。

李翔：闭环程度指的是什么？

沈鹏：其实完全闭环是很难的，也未必是有意义的。但是在商业模式正确的情况下，相对的闭环可以更好地提升交易效率。举个例子：一个连接商户和用户，实现了 IT 化和数据化的双边平台，这个平台协助商户服务用户。在用户授权的情况下，平台获得了服务相关用户的静态数据和页面浏览、支付行为等动态数据，可以把用户相应的需求看得更清楚，商户就可以更高效地给用户提供更合适的服务，同时用户也可以通过平台反馈需求和建议。更敏捷地把用户需求看得更清楚，你才能更好地来服务他。互联网科技赋能了传统产业之后，商户服务用户，可以把一个用户的生命周期价值[①] 做得更大，变得更容易。

李翔：水滴在获取数据，包括利用数据算法来更好地理解用户、给用户匹配服务和产品、控制风险等方面，相对于蚂蚁这样的公司而言有优势吗？它是不是会有更多的数据、更好的

[①] "用户生命周期"和"用户生命周期价值"是互联网运营和产品的用语。所谓"用户生命周期"，指的是用户第一次使用产品到最后一次使用产品之间的时间周期，用户在这个时间周期中为产品贡献的价值即"用户生命周期价值"。

算法？

沈鹏： 首先，互联网保险领域的中长期市场格局是很多家公司并存的。水滴还是在和自己赛跑，一直追求围绕公司的使命和愿景做得更好。相对于蚂蚁金服，我们是一个后来者，是一个专注于健康险科技的平台；水滴的使命和愿景更垂直、更聚焦在健康保障领域。

我们选择了围绕我们的使命、愿景，把事情做得更开放，也就是拉更多的合作伙伴，一起来共创。说白了，我们在用更开放的方式给用户提供更丰富的选择。就像水滴保险商城，目前入驻的保险公司有 60 多家了，这 60 多家保险公司持续地在水滴保险商城给用户提供更丰富的健康险产品。我们要通过更多的优质的健康险产品，给用户更多选择。选择更多，用户口碑就会提升；用户口碑提升，复购就会更多，获客速度会更快，获客成本会更低。同时，通过更合理地给合作方分润，我们这个事情会更被保险公司等合作伙伴们认可；合作伙伴们更认可，服务就会更好。这也就实现了双边的飞轮效应。

在我们的理念里，保险公司和我们是合作伙伴关系，我们共同服务好用户。用户满意了，才能成为我们共同的回头客。

所谓的用户满意，第一方面是说，我们驱动、协同保险公司提供更丰富的保险产品；第二方面是，用户真正在理赔的时候，我们要把该提的效率提高；第三方面是在一些边缘性的业务方面，我们能够联合合作伙伴一起做更好的服务，站在用户的角度，让用户相对更满意。

另外，当前阶段我们更专注于中国的三四五线城市这个下沉市场和新生代消费者的市场，这两个市场是目前巨头公司还没有足够重视的。在服务品类上，我们专注于健康险以及健康险的上下游业务。保险这个业务，每一个品类和上下游关系都很密切，比如健康险和健康产业的一两个上下游，再比如车险和 4S 店。我们希望能够用上下游的更丰富的服务，更好地来提升用户的满意度。

总之，就是可选的产品和服务要丰富，性价比要高，理赔要让用户满意，同时要把上下游的服务做好。

我们一开始就觉得，这个领域的中长期市场格局是一个偏多寡头的格局。要是放眼 10 年之后，中国保险行业的格局，不会再有什么互联网保险和传统保险之分，这几个比较领先的传统保险巨头，它们的互联网服务也会做得很好。我们现在这些互联网保险公司，未来也会把原来的很多线下服务—— 互联网不可取代的一些模块——做得更扎实。

10 年之后，健康险产业的格局，应该是多家公司都能够线上线下获客，能够围绕用户提供多元化的健康医疗服务，把自己定位的用户群给服务好。

我们公司的战略是做好普惠健康险。其实你会发现，原来的巨头们都更注重中高端用户，那我觉得如果我们再去做中高端用户，其实就是在重复创造价值，意义不大。你要做一个更有意义的事情，这个意义来自别人以前没有做好。所以我们其实是在把握这个窗口期和先发优势，把普惠健康险努力做好。在普惠健康险市场里，微信生态还是有一定优势的。这也是我们的一个优势。

李翔：以前雷军讲过一个七字诀——"专注、极致、口碑、快"，这也属于互联网打法吧？

沈鹏：是的。首先，我们有一个内部认同的方法论，就是PM12 条①。虽然这个 PM12 条最近 10 年里在百度不怎么广泛流传了，但我觉得这 12 条还是非常经典的，可以说是不重不漏地把互联网方法论讲了。这一套方法能够涵盖很多方法论。其次，我觉得还是杰克·韦尔奇的这些管理方法，你别管是互联网还是传统产业，都要更好地学习这些管理思想，把它们给应用了。

---

① 指的是前百度副总裁、知名产品人俞军提出的产品经理 12 条，具体内容见附录 2。

杰克·韦尔奇和白名单

李翔：你是什么时候开始读韦尔奇的？是美团时期吗？还是大学时期？

沈鹏：美团时期。其实在去美团之前，我看过很多书，但我没有真正的这种所谓的白名单。什么叫白名单？可以说，书有普通的没有打标签的，有进了白名单的，还有进了黑名单的。进了白名单，就是我觉得它是非常基础的经典著作，应该定期去学习和体会。甚至有些可以在公司的某些人群范围内，作为工作的指导思想。我觉得作为一个创业者，要学会借力，不应该什么都去原创。其实我也见过很多牛逼的公司，貌似在原创，其实也是默默地把人家的东西学到。

李翔：其实是翻译了一下。

沈鹏：对，翻译了一下，学得非常透。但别管怎么样，还是要学会借力。作为一个互联网创业者，很多正确的事就是那些事，你没必要再来一遍。

李翔： 韦尔奇的管理方法论里面，你印象比较深或者最打动你的是什么？

沈鹏： 我觉得有一点对我影响比较大。韦尔奇的4E1P里①，有一条就是决断力。我看了一下4E1P里的能力，中国我们这一代创业者里，其实大部分人很难做好的是决断力，它是需要持续修炼和反思的。我也经常会跟同事讲，4E1P里的决断力，我个人认为是创业者必须具备的非常重要的能力。你会发现，中国很多创业者的共性是执行力都不差；在中国的大环境里，激情也不差，都很有自嗨精神，都是打不死的"小强"，别管干得好还是差；包括积极向上的能力、激励别人的能力，很多优秀的创始人都具备。但我观察自己，观察周边的人，像我观察兴哥也好，观察老王也好，也包括我见过的其他优秀创始人、我各个班里的同学，我觉得他们能够把一件事做得非常极致，来自他们比其他创业者在决断力上强出一截。

李翔： 来自决断力？

沈鹏： 对，其实我也是定期在反思这一块。很多时候还是要把不该做的事情全部舍弃掉，第一时间就应该讲明白界限和原则，要更早明确。这不光是做事方法、情商高低的问题，确

---

① 韦尔奇把优秀管理人员应该具备的能力总结为"4E1P"，4E指的是 Energy（活力）、Energize（激励他人的能力）、Edge（决断力）和 Execute（执行力），1P指的是 Passion（激情）。

实是在日常工作中，你会遇到无数的事情需要决断。我真的感觉作为一个管理者，很多人都过不了这一关。

在美团时，我带过的各级管理干部，一线管 5 个人的主管也好，三级梯队的管理者也好，这一点是大部分人最需要修炼的。

一线主管带 5 个人——这种主管，他能招到 5 个人就能当这个主管；如果他连 5 个人都招不到，你就别给他这个机会了。一般只要过了基本管理门槛那几条，就能迈向管理岗。但你会发现，能把事做好，能和友商以及和周边的人拉开境界，我个人观察，很多时候更多的还是因为决断力更强。

李翔：其实决断力应该也是可以训练的。

沈鹏：是可以训练，但很多人很难做到。比如说，你刚招了一个下属，其实他的工作能力和岗位不太匹配，你能否第一时间就把他给劝退了，而不是过了半年、一年甚至更久才下决断？其实很多人会选择拖延。再比如，公司里有十几个人向你汇报，你发现你的管理带宽其实是不够的，你需要把两个团队合并成一个，任命其中一个团队的 leader 作为领导，但这两人能力相当，你会选谁？你只要做了决定，就会对合并之后的团队效率、各种沟通都有帮助。但很多人就是做不了这种决定，他们宁愿表面上自己累，但是实际上走了很多弯路。

我见过别人给王兴提一个建议，让他和谁聊一聊、投一个什么公司。你会发现他的第一反应就是，这和咱们的使命、愿景是不一致的，很快就否定了。我也见过很多创始人是听别人说你看看哪个公司，不一定投，结果开完会稀里糊涂地就投了。其实在这一点上，大家的差别还是挺大的。让一个公司整体的水平、档位真正拉开距离的，这一点可能是一个非常关键的要素。

李翔： 对。其实现在有很多人会认为，韦尔奇的很多理论更适合工业时代的公司，不太适用于互联网公司。

沈鹏： 其实我觉得不矛盾。成功的公司，有些是科层组织结构，有些是扁平组织结构，还有公司有些模块扁平，有些模块科层。再比如 OKR 和 KPI，一个公司可能既有 OKR 也有 KPI，反而有些公司光有 OKR 没有 KPI，就很没有战斗力。包括我也听过一些谷歌的人的分享，也看过埃里克·施密特（Eric Schmidt）写的那本书 ①，其实我也是带着辩证的视角来看的。

电商交易类公司，就应该把这些基本的管理规则用到工作之中，这是比较靠谱的。要是一个创意主导的公司，那可能你学奈飞、学谷歌更好，然后再辅以基本的管理常识。

---

① 埃里克·施密特曾经担任谷歌 CEO，出版过一本写谷歌管理的书，即《重新定义公司：谷歌是如何运营的》。

李翔：嗯，互联网打法这套东西，你主要就是从美团学习过来的吗？或者说美团的经历给了你很大的帮助？可以这么理解吗？

沈鹏：因为我就正经干过这一份工作。

互联网

李翔: 说回互联网,我不知道对于你个人而言,你是从什么时候开始意识到互联网是一个特别厉害的东西的?

沈鹏: 是我读小学五年级被电伤住院的时候,那时候我第一次用电脑上网。我父亲当时在一个保险公司的分公司担任总经理,他配了 IBM 笔记本电脑和包月的无线网卡。他下班以后,就把电脑拿到我病房里给我玩。我就是从那个时候开始看新闻、打游戏。它让我看到了一个更大的世界,我以前交往和接触的都是同班同学和家里人,这之后就很想跳出这两个环境,去获取更多的信息。

还是看到了很多不一样的东西。我记得没多久我就开始玩两款游戏,一个是《三国志》,策略类的,还有一个是《传奇》,PK 类的。其实这两款游戏对我也都有一定的帮助。我在美团当片区管理者,以及美团外卖和饿了么 PK 的时候,很多的思维方式、决断力都是在玩游戏时练出来的。

李翔: 这是真的吗?还是在事后寻找的解释?

沈鹏：这是真的。程维（滴滴创始人）也发表过类似的观点，你有机会可以找他问问。我有两次和他交流时，他表达过这个观点。一次是腾讯组织去滴滴交流的时候，他说从《三国志》有所受益。另一次是一个月前，我、程维、李斌（蔚来汽车创始人）、黄锦峰（完美日记创始人）在北大光华管理学院做分享，程维的那场分享又提到了《三国志》。王慧文也是在清华上学的时候经常熬夜玩策略类游戏。

李翔：有哪些互联网产品，是对你产生过比较大的影响的？

沈鹏：首先这两款游戏是有的。《三国志》是培养了我竞争策略的思维。后来我在读初中的时候玩了一段时间《传奇》这个游戏，觉得很没营养，但是我通过玩《传奇》看到了真实的中国三四五线城市下沉市场人民群众的状态。因为它每个游戏 ID 背后都是一个人，我每天看到很多人的状态，而且它的用户量越来越高。

后来家里就不让我上网了，把电脑什么的都给收了。但是有一天，我看到《齐鲁晚报》上的一篇报道，写的是盛大创始人陈天桥成为中国首富。当时看完我很受触动，我想这个人搞一个游戏竟然还能成为中国首富。他是这个游戏的规则制定者，还能够成为首富。那就是说，设计游戏规则的人看来是一个更牛的人。后来我也明白了，一个公司的创始人也是在通过设计公司规则，包括设计业务产品的规则来服务大家，其实是一个高级别的设计者。

李翔： 我不是很理解，玩家在游戏里表现出了什么，让你觉得理解了下沉市场的很多用户？

沈鹏： 这可能算是第一代 O2O，大家会约到同一个网吧一起玩，也经常约游戏上认识的网友线下见面，还会面对面地在同一个网吧交易装备。它的很多游戏机制设计，驱动大家在线下是有一个生态的。大家因为这个游戏跑到网吧一起玩的时候，你可以看到很多真正的游戏玩家的真实画像，他们可能就是应该上初中的年龄，结果也不上学了，天天在网吧里玩，然后玩着玩着就打工赚钱去了。还动不动就因为游戏里的什么原因和人干一场架，这类的都见过。我就感觉这个社会还是挺复杂的。

李翔： 首富的背后。

沈鹏： 很接地气，我感觉。

有待进化的靠谱产业

李翔：要去改造有待进化的靠谱产业，怎么定义一个产业靠谱不靠谱？比如你选择了保险行业，是怎么判断的？

沈鹏：首先是你愿不愿意去做一件事，看不看好一件事。你愿意做这件事了，同时也得站在一个商业的视角来判断一下，能否把这件事做成，这个模型成不成立。

看这个模型成不成立的时候，你就得考虑这个产业的天花板，这个产业未来 10 年、20 年的增速，当前行业里的各大友商实力怎么样，还得考虑这个产业是一家独大，还是成就了一批世界 500 强公司，还是怎么样。如果是成就了一批世界 500 强公司，那同时其他友商还能不能活得舒服？用户体验怎么样？是否非常好地满足了用户的需求？各种要素都要看。

我发现自己想做这个事，但我又仔细跳进来研究了一番。保险行业比较有意思，这个行业在 2015 年的时候一年保费 2 万亿，行业里更多的公司属性是国企，很多公司战略来回换。但是产业在那儿放着，而且需求的增速也很明显，再加上世界 500 强每年中国都能进去个七八家，没进世界 500 强的很多保险公司也活得非常不错。

李翔：所以这个产业简直太靠谱了？

沈鹏：是，而且这些公司中的绝大部分只专注于服务一二线城市的用户。在美团的这些年我很清楚，中国三四五线城市正在消费升级，那我觉得这对保险科技创业者来说就有机会。

李翔：不但靠谱，而且有待进化？

沈鹏：对。

PM12 条

李翔：俞军的 PM12 条你是怎么接触到的？

沈鹏：我第一次接触 PM12 条是在知乎上，那时知乎刚上线没多久，我看到了原文以及不同人很详细的解读。因为我第一次面美团投了个产品经理的岗位被拒了，但是在美团工作的那几年里，我对产品经理这个岗位念念不忘，偶尔会主动学习产品相关的知识。

李翔：然后去搜索了一下？

沈鹏：对，我就开始研究知乎上关于产品经理的能力要求和工作方法论，因为我也能感受到，产品经理在互联网公司里是被特殊优待的一类人。产品经理离业务总经理的岗位是更近的，对人的要求也很高，每天干的事情是在研究产业、设计规则、设计功能，它是一个很锻炼人的岗位。

我很想了解一下这个岗位需要什么能力，然后锻炼一下自己。于是，我在知乎搜了一下这类东西，看到 PM12 条是被很多有思想、比较靠谱的产品经理推崇的方法论，然后就开始了解。

我真的重视它，把它一字一句都背下来，是在我向王慧文汇报的时候。王慧文也重申了 PM12 条是非常重要的工作方法论，他希望向他汇报的人都能够背下来。PM12 条首先就是用户，站在用户的角度看待问题。它是一个《圣经》一样的东西，而且很简要，才 12 条。

李翔：你们做产品，我再问细一点，比如"决定不做什么，往往比决定做什么要重要"，这一条在产品设计里会怎么体现？有这个瞬间吗，就是决定不做什么？

沈鹏：太多了，我理解的决断力讲的也是这条。你日常作为一个管理者也好，产品经理也好，决定不做什么比决定做什么重要，因为你的使命、愿景早就想得很清楚，战略也很清楚了，你日常最基本的那些动作已经都知道了。更重要的是，你能把正确的事情重复地做，能把重复的事情极致地去做好。

但是你会发现，随着公司的发展，每天都会产生一些外部诱惑，或者说一个脑洞大开的新需求。其实更重要的是要告诉他：你给我专注一下。明确哪些才是核心，这要重要得多。

李翔：对，其实我知道，很多公司也是提给产品的需求都已经排到明年了。

沈鹏：有的东西80%的功能都去掉，你该是行业老大还是老大。最怕的是一个三流产品经理在公司干过一段时间，做了几个为了满足他自己脑洞的功能，离职的时候还说这是一个重要贡献。

李翔：你们碰到过这样的人吗？

沈鹏：碰到过，在美团遇到过一些，在我们公司也遇到过这种人，他们都被快速淘汰了。有些年轻的产品经理，特别是那些没经历过靠谱领导的锤炼，没人给他苛刻地找过可能的需求，没经历过深水区的锻炼，没经历过经常被领导拒绝，然后通过跳槽得到了一些管理权限的人，你会发现这种人其实很难成为高价值的产品经理。他一直在逃避做正确的事，但其实正确的事就是那些。

给你举个例子。我们有一个非常年轻的管理者，挺有天赋，很聪明，但是没有在长期正规严肃的管理环境下锻炼过，他习惯性地在工作之余约一些所谓的行业专家去交流。我前两天就给他提了个建议，我说，我觉得你可以在未来半年里谁都不约，你就认认真真地把《关乎天下》和《高效能人士的七个习惯》看完，好好地尝试把这些东西应用到工作中，我觉得这要比聊出来的经验和感受收获多得多。在日常工作中，咱就把这些事都做到，有一天公司能被认为是一个行业领军者，那我们这些东西就是别人眼里靠谱的东西。反过来，有充分的时间跟你聊的那些专家，他们到底是真专家还是假专家？

李翔： 真专家肯定有自己的事情要忙。

沈鹏： 别人约我，我真没时间和他聊。为什么我上个 CEO 培训班反而有机会聊？是因为大家被班级规则拖到一起了。

李翔： 你会鼓励创业者去上创业 CEO 班吗？

沈鹏： 看每个人的特质和阶段吧。我第一次上 CEO 班就看到了，不同的成功的人，都有自己的成功方式。有些人上那个班可能也没什么收益，他可能反而需要静下来，把事情做得更扎实，可能这样就成。不一定，不同的人不一样。

李翔： 比如 PM12 条中的"迎合用户，而不是改变用户"，按照我的理解，你们通过互联网来卖保险，甚至是外卖本身，不就是在改变用户行为吗？

沈鹏： 真实的情况是，美团外卖是靠迎合用户崛起的。当时做美团外卖，启动的头三个月，第一个月我带着最初参与探索的团队成员干，后两个月是城市经理带着团队干。我了解了情况，发现第一个商圈我们做得很成功，到了城市经理带着同事们做第二个、第三个商圈的时候，我能看到城市经理很勤奋，起很早发传单，晚上复盘到凌晨 1 点，但是那几个商圈都不如第一个商圈做得好。我当时就在想到底是为什么。后来，我就跟着他们去商圈看，反复地去听他们开会。我发现他们把做美团团购的那套用到了美团外卖上，像模像样、勤勤恳恳地一天工作超过 12 个小时，但是做不起来。因为他们去任何一个商圈，都是把美团团购的商户搬到外卖上。

我当时就给他们提了个建议，我说，第一个阶段，你去了任何一个商圈，不应该是把美团团购的所有项目搬到美团外卖上去，你应该上所有的商户门口，看看它们门口有没有外卖送餐车，然后中午在那个商圈的商户聚集区，数一数哪家商户往外送的外卖多。咱们把这些商户先搬上来，不要管这些商户和美团合没合作过，或者它是不是高大上的、门面好不好，这都不重要。用户喜欢它们，咱们就把它们搬上来，你不要管它们怎么样。

真正的迎合用户，是用户原来就在点这些餐厅的外卖，我们去找到它们，把它们搬到美团外卖的平台上。

李翔：相当于用户已经在用脚投票了，只需要把他们投票的商户找出来。

沈鹏：你把它们搬过来，然后再慢慢地把那些不太会做外卖生意的商户搬上来，并且教它们向商圈里受欢迎的商户学习，教会它们怎么做。如果这个商圈里这家肯德基从来没有外卖，那这很有可能是由用户的构成决定的，比如这是一个工厂聚集区，工人们认为的好应该是 8 块钱一碗的米线，而不是 32

块钱一份的肯德基套餐。你得根据用户的画像去迎合他们，要看过去他们是怎么用脚投票的。不同商圈的优质商户或第一批合作商户应该是不一样的，这就是迎合用户。

包括我们刚开始做保险的时候，要对接保险公司的系统，怎么着都得花一个月以上的时间，保险公司也不让你开发。我最早怎么和各大保险公司合作？上各大保险公司的官网"扒拉扒拉"，只要有在线购买链接的大公司全搬过来，给用户推一推，看用户愿意买什么，之后再去和它们谈合作，而不是说根据自己的设想和分析去行动。

颠覆式创新理论

李翔：我们接着聊方法，像克里斯坦森（Clayton M. Christensen）的颠覆式创新理论，你是什么时候接触到的？

沈鹏：在美团探索外卖业务前，在老王的推荐下，我看了《创新者的窘境》[①]这本书，但那时候没看出来太多感觉。什么大公司、边缘创新什么的，没有太多感觉，反而是在学习中国本土友商用的方法，站在用户的角度换位思考，画消费路线图，画可能的路径图，来分析哪些节点还有机会。看完那本书，我只是觉得大公司有可能会因为某些变革被颠覆，或者在产业里产生 10 倍变量、多倍变量的时候，可能会产生变革的机会，巨头会被推翻。

当时有一个启发，并不是我看完这本书得到的，是当时兴哥在周会上说的一个观点。他说当一个产业的某一个要素产生10 倍以上的变化时，咱们要认真地重新去看这个领域有没有新

---

① 管理学大师克里斯坦森的经典著作。正是在这本书里，克里斯坦森提出了颠覆式创新理论，并受到包括安迪·格鲁夫（Andrew S. Grove）和乔布斯在内的人推崇。

的机会。王慧文的观点就是说，当智能手机出现的时候，各个领域都在产生多倍的变量，所以餐饮这块咱得充满危机感了，得把握这些机会。

李翔：当时是担心被颠覆吧？

沈鹏：一方面担心团购被新的模式冲击，另一方面我们也想成为一个更能把握住这个时代的机会的公司。智能手机真正普惠到蓝领，是在 2013 年。

李翔：2011 年小米发布第一款手机。

沈鹏：对，2013 年是迹象最明显的。2010 年、2011 年、2012 年感觉还是白领来用，真的配送员都在用智能手机是2013 年。

李翔：你把它列为自己的一个重要的方法论，肯定是因为自己有很深的体会吧？这种体会是从什么时候开始有的？因为你也讲了，刚开始其实并没有感觉。

沈鹏：真正的体会其实是在我们做水滴互助的时候。我经历过美团，肯定是受益于这些方法论的，但是当时没有那么大的感触。在做水滴互助的时候，你作为一个 CEO，更多地要思考战略，要想清楚你的用户和产品定位。想这些东西想得越来越多的时候，反而因为这些方法论更坚定了——对你的战略更坚定，而且一边做一边看到自己在践行的时候从中受益了。

你会发现很多保险公司都在围绕中高端人群卖中高端保险，普惠市场其实是这些保险公司都不太重视的市场。你围绕普惠市场去服务，快速地把规模做起来，你会发现这个市场其实是让人羡慕的。并且你会发现，做一个高性价比的保险，大部分保险公司还不敢跟你竞争，不敢跟进，否则原来业务员的利益就会被伤害。

其实我们相当于看到并成了受益者。本身想做下沉市场就是一个小想法，但是套入这个理论让我们变得更坚定。但也不是说上来就通过这个理论分析出来的。

李翔： 就是一边做一边发现。

沈鹏： 我们认同并且想做这个市场，一边做一边觉得要把这个理论用好。

李翔： 克里斯坦森在今年上半年去世了。

沈鹏： 我还发了个朋友圈。

精益创业

李翔：克里斯坦森确实还蛮大师的。再来看精益创业理论，这应该是你一直都有在实践的，是吗？

沈鹏：对，我到了美团，看到的第一个做事方法就是精益创业。我刚入职美团的时候，兴哥让我去谈商户。我说咱网站什么时候上线，他说你可以先拿 Groupon 去给商户介绍，我们的网站现在工程师们还在开发，还没出来。我就截了个 Groupon 的页面的图打印了出来，拿这个去找商户聊，说我们要做这样的事。对于说服商户来说，你有一个页面就够了。

李翔：哪怕是英文的？

沈鹏：我用谷歌浏览器把 Groupon 的页面汉化了，然后截图打印出来。

李翔：埃里克·莱斯（Eric Ries）的《精益创业》，在美团是要求看的吗？

沈鹏：没有，但无形中就不停地在用精益创业的思维做事情。刚开始还不知道有这本书，没看过这个理论，后来看完这本书，我觉得其实大家都在践行这本书里的一些观点。

李翔：《高效能人士的七个习惯》是美团要求读的？

沈鹏：其实是王慧文对他自己带的团队成员的要求，他觉得我们这些人未来都有可能成为公司的高管，最次也是一个中坚力量的管理干部。他说你要是连这 7 个必需的思维方式都不能掌握，你就成不了高管。

李翔：你现在会给你们公司的储备高管列这样的书单吗？

沈鹏：会，会推这些东西，后边还要更重地推，计划还要培训、考试。我发现光倡导是不够的。一个公司永远有那种不够自觉和积极的同事，但是你得让他变得更优秀，还是要驱动他去学习。

使命、愿景、价值观

李翔："使命、愿景、价值观"这样的理论，你是从什么时候开始了解到的？最开始是阿里比较喜欢讲，是吧？

沈鹏：2010 年的时候。其实王兴经常给我们灌输做业务的价值取向，公司发展过程中，他会以用户为中心，做一些牺牲公司利益的决策。他也定期给我们强调，真正的高手都在苦练基本功，他说少林长拳虽然朴实，但是很实用。我理解的这些都是价值观层面的事情。让我比较系统地了解使命、愿景、价值观，是 2011 年下半年阿干到了美团后给我们专门讲价值观，但他没讲使命和愿景。当时阿干加入美团担任 COO，开始成体系地讲价值观，我也开始认真地看和研究阿里的文化，发现除了价值观，阿里还有使命和愿景。我是这样理解的，阿干刚来时是看这个公司太"乱"了，全员又都很年轻，于是对大家的要求做了个简化，就先推价值观，先别成套移过来。美团当时是没有明确的写在墙上的使命和愿景的。

李翔：是后来有的？

沈鹏：对，我从阿干那儿知道了使命、愿景、价值观，但在那时候，我还没有特别感受到使命和愿景的力量，我感受到的是价值观的力量。随着美团越来越大，我才开始渐渐感受到使命和愿景是非常有意义的，需要有。

李翔：水滴是从创业一开始，就有了使命、愿景、价值观这些，是吧？

沈鹏：我们从刚刚成立的那天就在琢磨，但是只有愿景，最早我们叫"联合合作伙伴，打造中国版的凯撒医疗"，现在是"联合合作伙伴，打造中国版的联合健康"。实际上是随着对行业的理解，对愿景进行了一个升级。最早是想通过把健康险的用户和保费做到一定规模，然后自己开便民医院，实现健康保障和医疗服务的深度整合，让水滴用户用更低的费用享受到更好的诊疗，是这种服务模式。但是随着对这个领域的认知越来越深，我觉得应该是找到全中国最靠谱、最适合一个地域的合作伙伴，让它加入我们的联盟体系，去服务用户。理解是在进化的。

李翔：我好奇的是，比你们时间长一些的公司、上一代的公司，甚至包括美团这样的公司，其实它们并不是一开始就有使命、愿景、价值观的，是做到中间大家才开始讨论，为什么你们会一开始就要做关于使命、愿景、价值观的讨论？还是说这是新一代公司的共性？

沈鹏： 我觉得应该是一部分新一代公司的共性。说白了，就是在中国已经有了一些可复制的成功的公司，就是管理方法可复制的一些标杆成功企业，比如腾讯、美团、阿里和华为等一系列公司。因为有这些标杆的存在，大家的创业变得更有章法了。

我理解的是，上一代人创业更多的是没有方法，在摸索，但是他们有机遇，有更多的选择；我们现在这一代人，可能选择不如以前多了，但大家更愿意选择做自己认同的事，哪怕它很难，同时创业方法和可学习的标杆也有了。这一点，大家越来越有共识了。

说白了，如果是一个靠谱的创始人，认真对待自己的创业，他如果能够有使命和愿景，能够讲出来，他肯定会把这个事情讲出来。对我这次创业，我就理解为人生第一次独立创业——之前是参与美团的创业。第一次独立创业，又是做了一个和前半辈子的经历非常相关、很想 all in（全部押进）的一件事，那我肯定是很认真对待这次创业的。所以我一开始就把使命、愿景和价值观都定得非常严谨，并且认真对待。就像你有个小孩，从起名字到过生日，都是挺在乎的。

李翔： 这个比喻挺好。你们的使命、愿景、价值观是核心团队讨论出来的，还是说它一直在你脑海里面，然后把它表达出来了？

沈鹏：在我脑海里有一个雏形。我带着这个雏形，在我们刚在望京 Soho 找到临时办公室的第一天，就开始讨论。当时，公司团队成员就我和胡尧（水滴公司联合创始人）等几个同事，五六个人一到办公室——办公室还是借的——就开始讨论使命、愿景、价值观，以及公司用企业微信还是用钉钉，然后才开始琢磨我们的业务用什么品牌、叫什么名字。

李翔：就是先有"纵情向前"这个公司，但是还没有"水滴"这个名字？

沈鹏：先有了"纵情向前"这个公司名，我从美团出来的时候就把公司名想好了①。

有了公司名，借了个办公室，然后开始讨论使命、愿景、价值观，结果我们上午就把使命、愿景、价值观讨论完，落成了文字。我们的使命是用互联网科技助推广大人民群众有保可医，保障亿万家庭；愿景是打造中国版的凯撒医疗；价值观最早是照搬了美团的价值观——我觉得公司还没做，大家还没出来自己的气质和状态，就先把美团的搬过来，先用着，未来再迭代。

下午聊了 10 来分钟，就决定还是要用企业微信，然后开

---

① "纵情向前"是美团创始人王兴很喜欢的一个说法，在美团招股书里也用到了"既往不恋，纵情向前"。

始讨论品牌。我们的业务做的是网络互助，第一个业务到底叫什么互助呢？这也是我们公司的品牌。我自己还略微有点品牌常识，就跟大家说，我们现在创业还是很严肃的，肯定能成，咱得选一个众人熟知的名词，好好想想作为咱的品牌的名字。我们的第一个业务，网络互助业务，就应该用一个名词作为品牌名，就叫某某互助。

我觉得我们的品牌应该和使命、愿景、价值观相呼应。我们就在想，品牌应该是一个比较温暖的或者带有一定寓意的名词。讨论来讨论去，锁定了三个：一个叫"大象"，一个叫"彩虹"，一个叫"水滴"。然后发现叫"大象"的还挺多，好像感觉没有那么易记和耳目一新。叫"彩虹"和"水滴"的其实没有那么多，众人又很熟知，而且寓意都和我们的使命、愿景是相呼应的。风雨之后见彩虹，"彩虹"还带一点互帮互助的含义。"水滴"和我们的价值观、潜在的方法论也很搭，水滴石穿就是要专注、要持久。"水滴"还有一点积少成多的向往，也有简单透明的含义——我希望公司的业务做得简单透明，保险需要更简单、更透明、更让人相信。还有滴水之恩，当涌泉相报，也有互助的意思。对比来对比去，隐隐约约觉得"水滴"更好点。

李翔：为什么你会认为使命、愿景、价值观是一种方法？好多人会认为它是一种理念。

沈鹏：我觉得它是理念，是信仰，也是工作方式和工作方法。

理念是说，这些东西决定了你公司的文化和你最底层认同的东西。狭义的价值观是我们贴在墙上的这些价值观，广义的价值观包括了使命、愿景和价值观。

它也是一种信仰，就是说你要是不信这个东西，你干下来就不舒服；你信了它，认同了这些东西，工作起来就更有动力。

说它是一种工作方式和方法，是因为它其实告诉了大家应该怎么样去奋斗、往哪儿去奋斗。

李翔：你个人理想中的公司是有点接近于美团吗？

沈鹏：其实刚创业的时候，我没有把整个保险和医疗领域想得这么复杂。说白了，内心深处想再造一个美团，这是一种驱动力。就是别管这个公司比美团大还是小——现在小很多——但是我想再造一个美团，文化相近、工作方式相似，并且我们也希望能够高歌猛进地去把我们的小梦想给实现了。

但是做着做着我就发现，公司能成什么样子，和天时地利真的密切相关，什么时代造就什么公司。我觉得移动互联网刚爆发时，2010 年左右，其实有很多机会，能成就一些大的超级公司。但是在 2016 年这个时间点，我觉得更多的还是互联网在不同产业去深化，还是要专注于一个产业，才会走得更稳，而不是说做得更宽。

所以，我没有再想要和美团多像。再加上对产业的理解越来越深，现在应该就是站在产业助力者的角度创业，帮助产业更好地服务用户，站在这个视角来创业。其实美团当时的视角并不是真正从产业出发的，还是先服务好广大人民群众的吃喝玩乐这个事情，甚至产业还有很多值得选的，可以高频带低频。但我们现在就是要在产业上下游挖到底。

李翔：对你的价值观、方法论影响最大的时间段，是在美团的那 6 年吗？

沈鹏：在我没有在美团接受"价值观"的培训、将它贯穿到日常工作中的深度接触之前，我对"价值观"这个词肯定是有一定理解的，但其实并没有这么信，甚至觉得我的价值观就是做我自己认同的事。看到各种各样的人，我也没有从价值观的视角去观察和评价一个人。但是被美团的价值观熏陶了几年之后，其实看待一个人，无论是结交一个合作伙伴还是朋友，我都会在无形中、很潜意识地、习惯性地看他的潜在价值观是什么样的。虽然他嘴里没说，但我会从这个视角去看他大概是什么样的一个人。甚至有些人我会把他拉到黑名单，因为我觉得他的价值观和我差异太大，就不愿意为了这种人花时间。

李翔：你有因为自己的创业，改变过自己的什么价值观吗?

沈鹏:我第一次对价值观建立认同,是因为阿干到美团强化了美团的价值观,并灌输给大家,让大家践行、捍卫。刚开始,价值观在我心目中的标准是非黑即白的,就是要么这样要么那样,要么行要么不行。对每一条我都是这样看待的,经常会把一个事情或一个人判定为不靠谱。但是你会发现,随着时间的推移,还没到从美团出来创业,就在开始搞外卖的那几年,管理6000多个商圈经理,老和配送员、商务打交道,慢慢也对价值观的理解有所不同了。有时候有些人犯一个错,可能就是被环境带的。你不能用非黑即白的视角去看待这个人犯的错,可能还得带上他所处的环境和他个人的成长经历对他的影响。

现在我对待一个员工违规,肯定还是按公司制定的规则来处理。高压线你触碰了,该走就走,但我不会在他走了之后再把他拉黑,不再和他打交道。我还会看这个人犯这个错背后的原因。我理解有些人还会改变,并不是说他的价值观一时出了问题,触碰了高压线,就没救了,我会更辩证地来看待周边的人和这个事件。

哪怕不适应也必须做好的事

李翔：你们创业当然本身很嗨，但是它里面有没有你不喜欢的成分？比如可能让你做了一些你以前没有那么喜欢去做的、不想去做的事情？

沈鹏：太多了。把这个事做得越来越好，很开心，很有创造的价值感和成就感。但除了这个之外，很多时候都是在做可能不喜欢或不适应的事，你还必须把它给做好。

李翔：比如呢？

沈鹏：比如经常有很多应酬。我这人不太喜欢应酬，如果我参与很多应酬，我就觉得时间在打折。但你还是得做，特别是公司小的时候，需要别人支持，你得自己出面。

其实我还是一个挺有好奇心的人，很愿意体验一下没做过的事情，开开"天眼"，尝试一下新的挑战之类的。这些事情一般都会放在周末。以前哪怕在美团的时候，我还有一个单休，还能做点这种事，但是现在时间排得满满的。你只能在这个排得满满的日程中去寻找幸福感和娱乐了。

李翔：以前你在美团的时候，你会享受跟配送员、地推人员吃饭、喝酒什么的吗？

沈鹏：会。说心里话，在美团时，我有两个和现在非常不一样的地方。第一是那时候更年轻，体力更好。第二是那时候我不是公司的头部关键人。不是头部关键人，说话可以在很多场合更自由，同事之间也能开玩笑，能天天各种折腾。

就这两点，只要有必要，挤时间也能挤得出来，可能晚上十点有同事约我出来撸串，那就出来了。现在你要是忙到晚上十点、十点半，第一反应就是想睡一觉，别说出来撸串什么的了。而且，你在公司里也不能太随意地和同事开玩笑。

早年经历

李翔：我上网搜，也搜到了很多比如你去参加临沂的什么活动的消息，包括我们两个人聊天，你也会讲到老家。临沂，包括你讲的沂蒙山，对你个人影响是很大的吗？

沈鹏：我老家临沂也被称作沂蒙山。在沂蒙山老家的文化里，我从小到大受的教育就是要懂感恩、有担当。我父母、我爷爷奶奶教育我，就是你以后不管在哪儿、混得多好，老家需要你，家里的长辈需要你，你都得说来就来，过年该回家就得回家。这是最基本的礼节，也是我发自内心认同的。

比如我前两天回老家临沂，是去当地的一个创业大赛上做一个分享。我还答应了高中母校的校长在明年春节之后的那周回去做一场分享，并且计划设立一个品学兼优奖学金。

李翔：我搜了一下，它是革命老区，另外好像商业文化也是比较发达的，是吗？

沈鹏：原来是老区，大家的生活非常艰苦，但是随着时间的推移，它很快就把商业给做起来了。临沂的 GDP 排名，在全国是前 50 名的。它的小商品市场、农产品贸易都做得非常好。但其实当地人还是比较朴实的，到现在，老家的亲戚什么的还有被人骗的。

李翔：你也谈过很多父亲对你的影响，你们之间是一种非常信任、几乎无话不谈的关系吗？

沈鹏：可以说是。其实我从很小的时候，到上高一之前，大部分时间是跟着我爷爷奶奶长大的，高中的时候跟着我父母。对我影响最大的人是我爷爷奶奶，尤其是我爷爷。他是一个我理解的他那个时代的创业者。他最早是先当兵，后来在沂蒙山的一个县城里当武装部部长，再后来在沂蒙山一个县里担任乡镇企业局局长，这个岗位就是要扶持当地的乡镇企业创业。当地有罐头厂、金银花厂、大理石厂，把农产品和石材等卖到各地。我从小跟着爷爷长大，就是亲眼看着他天天忙活，跑到人家厂子里跟人聊事，帮人出主意。每当过年过节的时候，农民企业家就来我家感谢这样子。天天看这些事，就觉得我爷爷做这个事很有意义，是真的给这个社会做贡献了，对我的影响就非常大。

等到我上初中的时候，开始偶尔跟父母住。我又看到父亲也是这种类型的人，基本就是晚上半夜我醒来去厕所，能看到我爸还在工作。印象最深的一次是初一的时候，我看到他卧室的办公桌上放着一摞简历，他不停地在那儿看，打标签、做标注什么的。我就问他，你怎么还不睡，他说明天要面试这些人了，大学生毕业找份工作不容易，我不能把人才埋没了。

反正就是就这样，看到他们在兢兢业业地忙碌，日复一日，确实是实实在在、勤勤恳恳地做事情。

李翔：你之前讲，你会去你爸所在的保险公司，听他们开早会，那是什么时候？

沈鹏：你可以这样理解，爷爷奶奶和我爸妈是在一个家属院住，只不过不是一个房子，虽然我从小跟爷爷奶奶长大，但有些时间也跟爸妈住。中间我爸爸还调动过城市，我也跟着他去另一个学校借读过。我爸爸当时就在临沂、日照等城市范围内不停调动，他不愿意离开当地，因为我奶奶身体不好，需要照顾。他就尽量离父母别太远，就是这样的状态。

大学和创业的想法

李翔：当时你到北京来读大学，中央财经大学，会有种完全是另外一个世界的感觉吗？

沈鹏：是这种感觉，是"开天眼"的感觉。但是第一年，其实就是对北京，对大学这个环境好奇。第一年之后，就不再有对环境的好奇心了，反而喜欢通过上网来深度挖掘这个世界里我更感兴趣的一部分。

第一年是什么状态呢？除了学习，就是找兼职，体验一下。包括去市场调研公司兼职，暑假的时候还加入过泰康保险，当保险代理人。其实就是开了个"天眼"，看到了一个更大的城市和更丰富的环境。一年之后，我就感觉找到了自己最想干的事。从那之后，我就开始把精力往怎么让自己在未来互联网创业方面能更有积累上转移，去做事情。大概是这样。

李翔：当时有特别触发你的事情吗？2005 年前后其实还蛮热闹的，联想收购了 IBM 的个人电脑业务，淘宝在跟 eBay 做激烈的竞争，百度在 2005 年上市。

沈鹏：我是 2006 年上的大学。2006 年，更多的还是一种充满好奇心地去体验和以往不同的环境的状态。到 2007 年的时候，我才开始专注地看和思考互联网领域的事。

2007 年，也是视频网站爆发的时候。这让我能自由地看到很多我感兴趣的内容。我之前也跟你提过，我看了《赢在中国》《鲁豫有约》创业者的访谈等和创业相关的节目，这对我的冲击是很大的。对我有影响的是这些年轻的创业者，反而对外部互联网公司的很多事，我没有关注得这么深。

比如李想，我在湖畔大学的同学，我记得有一期《鲁豫有约》采访了他和其他几位创业者。他是高中就开始创业了，高中时期就开始赚了零花钱请同学们吃麦当劳什么的。其实我看他高中的经历和我中学时折腾的一些东西很相似，我就觉得他非常有魄力，毕竟没有按部就班地按照家里的规划去发展，高中毕业搞了泡泡网，做得有所成就。这就对我这沂蒙山出来的孩子的认知产生了一些颠覆，就是说一个人的发展路径，不一定非得是按部就班的，不一定要像老师和家长说的那样。你可以按照自己内心的节奏来规划自己的职业发展路径，这是对我的一个触动。李想的经历把我给打动了。

李翔：你跟他说过这个吗？

沈鹏：我还真没跟李想聊过这个话题。但他的经历是打动了我的，也给我带来了很大的信心。

还有一个点是，2006 年、2007 年的时候，校内网等熟人社交网络平台开始爆发。特别是校内网，是一个跟 QQ 不一样的平台，通过校内网，你有机会很有效地找到你感兴趣的人。我开始有意识地去结交一些可能想创业、正在创业，或者和我关注的话题相关的一些人。

李想毕竟是我在视频里看到的，后来我又在校内网看到周边很多真实的人在尝试创业或参与创业，每天都在分享这些，这又把我给激发了，让我很坚定地要去创业。我那时候搞过一段时间校园留学中介的创业，基于校内网，逻辑很简单。就是在每个学校注册一个虚拟号，这个虚拟号用一些带中介标签的名字，或者是和这个群体相近的关键词，在上面分享留学的经验。凡是来点赞、留言的，我都会给他发私信，问他是不是要去留学、要去哪儿，然后再对接到合作的留学中介，我拿分佣。

后来我发现给留学中介导流没什么意思，就又组织了一帮同学来分担申请留学过程中的不同环节，按环节收费，打破原来留学中介那种几万块钱一条龙服务的方式。因为很多环节是自己也可以搞的。开始时也不是一个网站，是账号矩阵，后来就改成了一个网站，叫乌托邦，往里面沉淀用户，但是也没有真正搞起来规模。当时还有个北邮的哥们儿帮我一起开发网站。搞了一段时间，我后来渐渐想明白了一件事——如果按我当时的水平、天赋和能力，我只能把这件事做成一个不温不火的生意，但这不是我想追求的那种创业的感觉。

李翔：当时你对创业的理解是什么？

沈鹏：那时候我也看过王兴的创业故事。我就觉得他们是在用科学的方法论做大事，而我是在借助互联网工具做传统生意。当时我就想，我应该重新考虑一下这个规划。

李翔：你在做这件事情的时候，你们班的同学都在做什么？

沈鹏：有的在金融机构实习，有的在准备考研、留学什么的。

李翔：你现在重新开始做保险，跟之前同学的联系反而更多了，是吗？

沈鹏：比原来多了。刚开始创业的头两年，也有同学约我聊业务合作。作为互联网创业者，我和传统保险行业的伙伴还是有一定的隔阂。当时互联网还在融入产业的过程中，是慢慢地在融入。公司相对规模还没有做得足够大，业务没有足够往深入去走的时候，其实我们还是在互联网那头。这两年逐步找到感觉了，我们已经在加速深入产业之中了。

李翔：你是班上唯一一个创业的吗？

沈鹏：算是少有的独立创业的，其实作为公司一号位创业其实是一件很苦逼的事情。我有几个同学在创业公司工作，有个关系非常好的同学现在在做早期投资，但是他们那基金是人民币基金，因为各种原因，我们就错过了。

李翔：你们公司一开始不是人民币架构吗？①

沈鹏：开始的时候是人民币架构，但是融天使轮融得很快节奏。2016 年 3 月份，有个媒体爆料了我即将离开美团重新创业，然后我就加速了工作交接，同时，美团、腾讯以及高榕、IDG 资本、部分美团的同事就完成了对水滴的天使投资。但是融完天使轮没多久，我们就启动了 A 轮，这一轮融了接近 10 个月，见了 100 多家机构投资人。融完那一轮我就在想，可能未来还是要搭 VIE 架构，我不太想再融人民币了。因为融资时，人民币基金基本都会问，你预计公司什么时候能盈利，你预计三年之后你们的年利润是什么样的，你预计公司什么时候能上市。但是我认为我们这个事情在挺长一段时间内是不追求赚钱的，而是先追求用户规模和业务规模，先创造更大的社会

① 人民币架构的情况下，投资人可以直接用人民币做股权投资，一般考虑在国内上市的公司会采用人民币架构的股权结构；如果是拿美元投资，则需要被投公司搭建一个 VIE 架构。因为在最近两三年之前，中国的互联网科技创业公司都是在境外上市的，主流的投资基金也都是美元基金，所以 VIE 架构在创业公司中非常主流。

价值，再去追求利润。但人民币基金基本都是要追求公司优先能在 A 股上市——当时还没有科创板，在 A 股上市要看公司的盈利情况。

在美团

李翔：2010 年去美团的时候，其实你已经非常清楚是去那边工作、学习，然后就要去创业的，可以这么理解吧？

沈鹏：对。

李翔：你那时候大概知道自己要学什么吗？有一个清单吗？

沈鹏：我觉得面对美团，我还是比较无知的。就是公司要干，我想跟着一起干，通过干的过程来学到东西。公司让我干吗我就干吗，但是只要接了这个活儿，肯定全力以赴。我经常被调岗，我在美团调换过的岗位有八九个，但是大部分时间还都是在做业务。

李翔：听上去像是美团的第一个管培生。

沈鹏：其实我的名义就是实习生，美团真正成立了快一年的时候，才开始有管培生。你会发现，反而管培生的三年以上留存率是低于 20% 的。因为那时我也带过几个管培生。

李翔：你们公司有吗？

沈鹏：美团之前有，水滴没有。美团第一批管培生也就比我小一岁，我那时作为实习生，干了快一年的时候已经成为大区经理了。第一批管培生，我那个团队里有三个。我觉得管培生还是很有一些"特权"的，每个岗位干满半年就要轮岗到下一个岗位。我有点小羡慕和好奇，就一直在观察我带的那几个管培生的言行和心态。但我看到的是，这几个小伙伴在每一个岗位工作时都跟蜻蜓点水一样，抱着好奇心，象征性地干完半年就换岗，在每一个岗位的半年里都没有全力以赴——这是我看到的一个现象——我觉得可能他们学不到精髓。只有在一个岗位上干不好就会被淘汰，你才能全力以赴，才能有竞争力，才能够真正把这个岗位的精髓掌握到。管培生都很明白，自己半年之后就要调岗，就短期思维，也没有 all in。并且在我观望名单里的小伙伴，三年之后的留存率是低于 20% 的。

李翔：这个 20% 是很低的数据，是吗？

沈鹏：我不知道低不低，但我觉得这应该不是公司所期望的，毕竟你给他的是特权。

李翔：当你实际进入美团的时候，进美团跟大家创业，跟你之前了解的创业，包括跟你之前在大学里折腾的事情相比，就真实体感而言，区别是什么？

沈鹏：在美团的第一年里，我更多的感受不是在创业，而是在跟着公司走，并没有那种高大上的创业的感觉。之前我自己尝试的创业，我觉得是用互联网工具做小生意，进了美团之后的一段时间也是这种感觉。

李翔：用互联网工具做小生意的感觉？

沈鹏：对，不是那种文章或小说里的高大上的创业。但我看到了王兴的以身作则，包括王兴会与时俱进地给大家分享一些全球范围内比较先进的创业相关的理念。2014年的时候，有本书叫《从0到1》，很火。我看到朋友圈里一堆人都在说这本书有多牛，自己收获有多大，读后感都写得很长很长。但是我看完之后的感受就是，这不都是兴哥几年前就在分享的东西吗？

李翔：真的吗？我看《从0到1》也非常受启发。

沈鹏：嗯。在华清嘉园那个居民楼，我经常路过兴哥的工位，一扭头就能看到兴哥有时候坐在电脑前，在看某个美国创业者的博客、新闻什么的。兴哥一直在非常与时俱进地学习。他也在定期分享给我们，经常说那个谁谁谁的观点是怎么样的。

我理解的王兴的前瞻性，其实也不是绝对地靠自己思考和与生俱来的。他也是在用一个更先进的学习方式，也是在

"开天眼"。

李翔：真实的王兴跟你读到的王兴，感觉是一致的吗？

沈鹏：基本是一致的，但是现实中的王兴更务实，在新闻里看不到这种务实。我加入美团的第一天中午，他拉着全公司的小伙伴一起去楼下餐厅吃饭，吃完饭他结账的时候，跟餐厅老板在那儿砍价。

李翔：他砍价熟练吗？（笑）

沈鹏：还凑合。（笑）包括当时偶尔约上一块吃饭，我们去的都是沙县小吃。

李翔：我听你那天做 CEO 面对面，你说你们的文化底色里有一个东西很重要，就是勤俭，其实就是比较抠，这是跟美团一致的，是吗？

沈鹏：其实我本身也是一个比较抠的人。但我觉得，我对朋友、同事们从来不抠，是在日常工作的事务上点点滴滴求合理。当然，让我坚定地在水滴创业过程中追求点点滴滴求合理，也是在美团的创业过程中受兴哥的影响。

李翔：你另外一张 PPT 里面写入职半年就差点离职，当时是因为什么原因？

沈鹏：因为糯米挖我。有一天，沈博阳就来找我。当时他在人人网担任副总裁，在筹备糯米网，他通过商户了解到了我这个人，商户评价非常好。他就通过一个中间人找到了我，找我聊，希望我能成为糯米的联合创始人之一，一起把糯米搞起来。糯米这个创业和美团有些不一样的是，它那边入职入在人人网，人人网也给一些流量等各方面的支持。

我想创业，他给我一个联合创始人的 title，并且给我分享了很多他的创业理念，描述了很美好的愿景，我略微心动了。

我跟兴哥以及当时的直属领导杨锦方在线留言，说我可能要离职。我没好意思说那么细，但我坦诚地说，我想离职加入人人网，做内部创业。

那天是周五，兴哥不在办公室。到了周六晚上，兴哥冒着暴雨，开车把我从宿舍接了出来，带我去了一个咖啡店挽留。跟我聊，他认为美团未来想做成什么样，他对美团的未来很有信心，并且美团也需要我，愿意真正地培养年轻人，反复说了这个观点。其实当他说需要我的时候，我就觉得很不好意思，觉得不能从美团学到了经验去竞争对手那儿。我现场就跟兴哥确认说我不离职了，决定一起奋战到底，直到有一天我自己创业。后来兴哥和我握了握手，我就留下了。

我给沈博阳发了一封邮件，说我不离开美团了，也感谢了一下他。我后来跟沈博阳还偶尔有联系，包括我刚创业做水滴时，他还到我们公司转了一圈，鼓励了我一下。当时他在领英担任中国区总经理，送了我一本里德·霍夫曼（Reid Hoffman，领英创始人）的书。

李翔： 你面对过类似于当年你要辞职的那种情况吗？

沈鹏： 遇到过个别同事有这种情况，我也是强烈挽留，有个别的挽留住了，有个别的离职了就离职了。随着时间的推移，我慢慢也想明白了，就是当你第一次认真、坦诚地挽留了之后，他还是决定走，也没必要非得做类似于三顾茅庐的事情。他要是真想清楚了，你坦诚交流过一次了，基本他也是能够明白的。

李翔： 包括你说连续 15 个月住在公司，这是真实发生过的一个场景吗？真的是住在办公室？

沈鹏： 住公司是从 2010 年 8 月份开始的，那时我刚刚晋升为天津公司负责人，为了更好地和同事们充分沟通，就和部分同事们住在了天津公司。后来调到北京公司担任负责人，就在北京公司住。一忙就是 15 个月过去了，当时千团大战的竞争非常激烈。

李翔： 公司的宿舍吗？

沈鹏： 就在公司里，我们圈定了个会议室，放了两张架子床，人多的时候可以打地铺。

李翔：这是公司允许的？

沈鹏：没说不允许。后来有一天，办公室里的洗手液用得比较快，郭万怀就跟我说，沈鹏是不是你天天用这个洗头了？我后来就买了瓶洗发水。（笑）

千团大战

李翔：美团能够在千团大战的竞争里成为赢家，作为亲历者，你觉得原因是什么？这对你今天对竞争的理解有什么影响吗？

沈鹏：刚刚参加工作，就加入了一场极度惨烈的竞争，让我感觉到了江湖险恶，险恶到对手在美团的办公室里安窃听器，监听电话，放假新闻稿，各种手段我都经历了。

比如，有一天我在美团的办公室里开会，突然间接到电话，对方说，沈鹏，你把我当兄弟，就把我一块带过去，不把我带过去，咱就不是兄弟。我说什么情况？他说我刚看新闻，说你加入了某某团，还带了众多城市经理一起过去。我说我根本没加入。

当时的美团管理不规范，沟通也没有统一的渠道，大部分人用 Skype，也有些人用 QQ。竞争对手经常放一些假新闻说谁要加入，然后就把人一个一个拉过去。反正就是竞争非常激烈，什么事都会发生。

其实美团外卖和饿了么竞争的时候，也是竞争到了一定的惨烈程度。

李翔：你肯定也听说过，朱啸虎（金沙江创投主管合伙人）有一次说美团能够赢下团购，很重要的原因是干嘉伟的加入，他带来了一个特别成熟的线下团队的管理方法论。

沈鹏：阿干来肯定是非常大地助力了美团的胜利，加大了打赢的概率，但赢的本质还是在兴哥。我理解的兴哥的个人特质，就是思考能力和专注力极强，又极度理性，还能很接地气地识别出来业务的关键点和与之匹配的关键人，并且能够驱动大家把关键点做到极致。他的这些特质让他天然地就具备了非常强大的人格魅力。包括我提到的，我曾经想离职时，他冒雨去挽留我，他这么理性的一个人也能做出来这种接地气的事儿，还是很打动人的。

我觉得王兴第一个正确的决定是聚焦。千团大战的时候，你会发现商品团购卖得更好，有点类似于后来拼多多的模式。但是，王兴在美团成立一年左右的时候，就在内部讲明白了一个定位——美团要做本地生活服务电商的霸主，而不是商品团购。商品团购再好，也不是美团的主要业务。可以把商品团购作为一个给用户调剂的补充品，但是不能当成正经事来对待。其他的公司，什么聚划算、拉手网，爱搞不搞，美团一个城市一个月顶多上一单商品团购，必须是精品，其他的上单机会都要做本地生活服务。

他就这样定了一个规则，一个月一个城市只能上一单，要是大家顾不过来，商品团购就全部对接到总部的一个商品团购小组。这个小组只有几个人，他们筛选出来最优的商户。这样，大家的精力就专注到了本地生活服务上。真正明确了这件事的，在前 20 名的团购网站里，好像我听说只有美团。把这件事想明白了、看透了，我觉得是美团能打赢的第一个关键决策。

另外一个正确的决策，我觉得是在团队内部明确商户第一，还是消费者第一。绝大部分团购网站，满座网、窝窝团等公司的创始人或高管接受媒体采访的时候，都说他们公司的优先级排序是商户第一，只要有很牛的商户跟他们合作，他们愿意付出一切代价去包销。包销就是我来采购，保证多少量，我全都一次性付款买了，为了和商户快速达成合作，都有一条龙政策。但美团是消费者第一，商户第二。当消费者和商户产生冲突的时候，我们不遗余力地站在消费者这端，保护消费者的利益。我们给用户推出购买了团购但没有到店消费可以随时退的政策，给商户用实际消费的数量来做结算，而不是按卖出的数量来做结算。我们会把消费者没有消费的订单退到消费者的银行账户。很少有团购网站跟进这一服务，其他家都是卖多少份，把钱第一时间给商户。结果你会发现，有些合作商户对服务品质无法保证，甚至商户倒闭跑路了的都有。

如何选择独立创业

李翔：你开始决定要自己出来创业，那个时候满足了什么条件吗？我相信你肯定是想过，因为当时你已经是一个非常成熟的管理者了。

沈鹏：其实我第一次想创业是在 2013 年，加入美团三年多的时候，那是在做美团外卖之前，想搞的是类似于有赞做的那个事情。有了这个念头，我就跟老王说了这个想法。

老王说这个事不够大，你要出来搞就要搞足够大的事，要不就浪费了，因为你在美团完全可以搞一个更大的事情。除非有一天你觉得看到了发自内心想做的事，或者是你认为意义足够大的事，否则你在美团好好干就好了，因为我相信在美团，你的成就感、你的个人价值远远比搞这个厉害得多。这个观点我其实是认的。

那次把我挽留住之后，我就没再想去创业，就觉得就跟着公司一起创业，同时一定要练到更高的境界，以后看到了自己认同的事再说。现在还是要在这个公司，一起开开心心地创造更大的价值。确实，老王跟我聊完，我回顾了一下，在美团的三年多，我是持续成长的。这之后，没过几个月就发掘出了美团外卖的创业机会，很有价值，而且和我的长板匹配，于是就搞了美团外卖。而且因为我之前流露了想创业的想法，老王也更放得开，让我在内部立项，让我尝试，他也指导着我给美团外卖开了一个很好的冷启动。

李翔：就是说你做的时候，是看到这个市场足够大，能够做成特别大的事情。

沈鹏：嗯。

李翔：你自己本身也很喜欢这个事。

沈鹏：嗯。

李翔：基本上符合这两个条件，你就可以出来创业了，是吗？

沈鹏：到了 2016 年年初，我在美团工作了 6 年多，美团点评合并了（指 2015 年 10 月美团和大众点评的合并），各业务市场占有率也在稳步持续提升，我觉得外卖离开我没什么问题，不缺我一个人了。这时，我有了想要创业的想法。

有了想要创业的想法，我就还是想在医疗保障领域做点事，我觉得这个事足够有意义，同时也是一个大的市场，有很多的可塑空间。

李翔：相当于你先有了这个想法，然后再去找赛道。

沈鹏：对，有了这个想法后就适当留意了，第一时间就想到健康险领域可以被改变。我也想过新零售相关的事情。

李翔：对，新零售那时候很热。

沈鹏：而且我也懂。大概就这两个方向的事。我个人觉得，健康保障以及往上游延伸的这件事我更喜欢、更认同，零售那件事我觉得是在重复过去。包括我离开美团创业，第一时间有新闻出来的时候，某个知名投资人就找到我，说如果你做新零售或共享单车等事情，我肯定给你更高的估值，给你投更充足的钱，但你要做现在的事情，我肯定不投，你选吧。我说我还是想做我现在的事情。

特别是创业的过程中，按我们经历的时间轴来看，有过好几个风口：新零售，新零售里还有不同模式的新零售，比如自动售卖机、便利店；共享单车；共享充电宝；数字货币；消费贷……其实在我创业做水滴的初期，这些方向都有不同的人找我聊过。

李翔：你都已经创业做水滴了，还来找你？

沈鹏：对，跟我说"要不你转型吧""要不你顺便做一下这个事，我可以接着投"，我都没有做。因为我内心深处一直理解的是，风口根本不是用来追的，往往是一个健全的团队，做的事情某天一不小心赶上了风口，就成为厉害的公司。很少见到一个公司奔着风口成立，还能活得非常久、非常健康。

左手互联网，右手产业

李翔：水滴的三大业务，水滴筹、水滴保险商城、水滴互助，包括后来我看新闻，又有了医药和互联网医院的资质和业务，这些是设计出来的吗？还是说是顺着时间"长"出来的？

沈鹏："长"出来的，不是设计出来的，是围绕使命和愿景"长"出来的。联合健康公司有个 slogan，叫"让会员用更低的费用享受更好的治疗"。我们也在思考，除了给你提供保障、给你治病钱，能否助力你把钱花得更有性价比、更高效。

李翔：你是怎么理解保险的线上线下关系的？水滴做线下，会是之前美团的惯性吗？还是说它是必需的？

沈鹏：其实是怎么能让用户更便捷，我们就怎么来，没有太刻意地去想线上和线下。用户满意更重要，姿势不重要。

我们的线上服务人员是在网上互动完，用户下不了决心买高客单价的产品的时候，就给他去个电话解读我们的产品，帮他找到一个更适合他的产品。我们觉得线上服务比线下更轻、更有效，更给用户省时间，那我们就用网上互动加线上服务把它完成，没有必要非得搞线下。

贝壳找房的这种线下服务模式，我觉得是更高客单价的模式，是我们走到公司第五年的时候才觉得可以考虑要做的。因为低客单价的，我们用现在的线上方式服务得差不多了，才会去考虑线下。

每一个生意都有它的要点、要素，有关键点，就围绕关键点去转换模式。至于该怎么设计，还是要更灵活。

李翔：保险公司的人问你最多的问题是什么？

沈鹏：刚认识时，问的最多的是你能帮我卖多少。

李翔：如果是学习交流的情况呢？比如我之前听到你们有个同事是平安过来的，他也会问你一些问题吧？

沈鹏：他问的很多点还是从传统做法的视角出发，但其实我们根本没有从他那个视角来考虑事情。水滴是从保险行业跳出来思考如何做互联网保险的，左手是互联网，右手是产业，从这个视角重新设计该怎么更好、更有效地服务用户，而不是从原来的那个视角迭代。

李翔：现在你们公司从保险公司过来的人多吗？

沈鹏：公司保险科技部门，保险行业过来的人还挺多的，我们邀请过来的都是学习能力非常强、能够与时俱进、能重新定义这个工作该怎么做的人。

李翔：有文化冲突吗？

沈鹏：有，但不大。因为他加入水滴之前，我们会双向评估，至少我希望找的是以用户为中心，并且能够重新定义一件事情的人。

业务、培养人和焦虑

李翔：最近你在为什么问题焦虑？

沈鹏：我跟你讲一下我昨晚为什么会失眠吧。我好久没失眠过了，基本躺下就睡着。昨天是 2020 年里为数不多的一次失眠。我躺在那里没睡觉，就是在思考为什么公司会出现下面这种现象。我很期待内部能够成长出来一些像当年美团几个内部创业的小伙伴那样的人，从一线工作者一直干到独当一面的业务负责人。我很希望能够培养出来或招到这样的人。我觉得通过招聘和"以战养兵"的过程，我自己再花点时间、精力，能培养出这样的人。

昨天，我们内部在试点的三个不同新业务的负责人，每人用两小时分别跟我汇报了一下，一起探讨业务进展的要点是什么，未来怎么发力，怎么能做得更好。三场聊完，我感觉每一个人距离成为领军者都还差很多。我对领军者的定义是说因为我们进来，行业会有所不同。他们目前都是在按部就班地往前做，但都没有真正跳出来，没能站在行业的视角来看应该做哪些变革，没能跳出来和我聊该怎么重新定义这件事，哪怕它只是一些假设。那这业务很有可能就做成一个过度依赖水滴老业务的新业务，或者就是行业第二名，但成不了一个非常硬的业务。

所以每场两小时聊完，我都是挑战了一下，提了一些问题和建议让他们好好想想，让他们回去打磨一段时间。

李翔：然后就很焦虑，就睡不着了？

沈鹏：晚上我就在想，水滴过去如何能在把互助做得还算 OK 的情况下，又做成了水滴筹、水滴保险商城？未来怎么能够在做第四、第五、第六个业务的时候，依然能够成为绝对的细分领域的领导者？不是用堆钱、堆人或者老业务导流的方式，而是业务本身做出来和友商相比就能有竞争力？至少当前我看到的是，新业务团队的战斗力还有待提高，唯一让我欣慰的是这三个业务的方向都没错。

李翔：你觉得是你的问题还是他们的问题？

沈鹏：也可能这是一个成长的过程，不能随意地说是谁的问题。在美团的那些年里，我也经常有让老王觉得不靠谱的时候，只是我自己没意识到，依然乐观地奋斗。

李翔：那像开始的三个业务，水滴互助、水滴筹和水滴保险商城，都是你在带着做吗？

沈鹏：跟得非常紧，每天都有激烈地讨论。

李翔：昨天讨论的时候，你给了他们什么建议？

沈鹏：比如我们在试点的财商教育业务，我说你作为一个后来者，你应该对前几名在做什么动作、做什么样的供给、有什么样的课程方向、有什么运营动作都了如指掌，应该知道它们每做一个动作带来的变化是什么。因为你纯粹是个后来者，一个后来者又在做同质化的东西，最好是先做像素级学习目前的行业第一，直到把它反超，然后持续创新。

这是一种做法，因为目前行业里没有大的变量，但是对手不强，你能够通过执行来快速反超，然后再去创新。

还有一种做法，是你发现行业里有大的变量，那你要想一想自己应该怎么重新定义做法，让行业变得更好、更有效率。

李翔：你这种思维是怎么来的？

沈鹏：就是随着时间的推移去观察，然后自己定期总结。我昨晚焦虑，就是我突然间意识到，最近因为忙的事比较宽频，导致距离业务稍微远了一点点，我这个状态需要调整。我昨天还在跟另一个同事反思，后续我应该所有的业务会都要参加，以及坚持去业务前线接地气。

附录1 高效能人士的七个习惯

史蒂芬·柯维（Stephen R. Covey）

习惯一：积极主动——个人愿景的原则

不要把责任推给命运、基因、环境，永远要把选择的自由掌握在自己手里。比如，遇事别急着说"不可能"，回应之前先给自己30秒时间想一想。把口头禅从"他把我气疯了"，改成"我可以控制自己的情绪"，用"选择的自由"，对自己负全责。[1]

习惯二：以终为始——自我领导的原则

在采取行动之前，先想清楚你要达成的结果。先定目标，然后一切行动和计划都盯住目标进行，以终为始。

习惯三：要事第一——自我管理的原则

主动干掉一切"不重要也不紧急"的事，拒绝大部分"紧

---

[1] 对这7个习惯的解读，均来自刘润老师在得到App开设的专栏"5分钟商学院"。

急但不重要"的事，专注于重要但还不紧急的事情，让自己忙但不焦虑。

习惯四：双赢思维——人际领导的原则

放弃那些基于你损失、我获益的合作，尽量让合作双方都能获得价值，你的路就会越走越宽。

习惯五：知彼解己——移情沟通的原则

戒掉以自我为中心的坏毛病，在沟通时用心去感受对方的情绪，有效聆听，对方对你的话的接受度也会提高很多。

习惯六：统合综效——创造性合作的原则

除了"非此即彼，你多我就少"，试试找到共享的目标，通过"创造性的合作"，找到"1+1>3"的"第三方案"。

习惯七：不断更新——平衡的自我提升原则

把优秀变成一种习惯。优秀习惯的养成，无法通过吸星大法瞬间获得，需要通过身体、智力、精神和社会关系四个方面不断训练，反复磨砺前面六个习惯，不断精进。

附录2 PM12条

俞 军

1. PM 首先是用户。

2. 站在用户角度看待问题。

3. 用户体验是一个完整的过程。

4. 追求效果，不做没用的东西。

5. 发现需求，而不是创造需求。

6. 决定不做什么，往往比决定做什么更重要。

7. 用户是很难被教育的，要迎合用户，而不是改变用户。

8. 关注最大多数用户，在关键点上超越竞争对手，快速上线，在实践中不断改进。

9. 给用户稳定的体验预期。

10. 如果不确定该怎么做，就先学别人是怎么做的。

11. 把用户当作傻瓜，不要让用户思考和选择，替用户预先想好。

12. 不要给用户不想要的东西，任何没用的东西对用户都是一种伤害。

《详谈》丛书：一部以人为单位的当代商业史
全年订阅，买纸书送电子书

每月一本商业人物访谈录
只用一杯咖啡的价格
你就能跟这个时代优秀的价值创造者做一次精神上的长谈

图书在版编目（CIP）数据

沈鹏 / 李翔著 . —— 北京：新星出版社，2021.3（2022.6 重印）
（详谈）
ISBN 978-7-5133-4386-2

Ⅰ . ①沈… Ⅱ . ①李… Ⅲ . ①沈鹏-访问记 Ⅳ .
① K825.38

中国版本图书馆 CIP 数据核字（2021）第 038913 号

沈鹏

李翔　著

策划编辑：白丽丽　王青青
责任编辑：白华昭
营销编辑：龙立恒
封面设计：李　岩
插　　画：贺大磊
版式设计：仙境设计

出版发行：新星出版社
出 版 人：马汝军
社　　址：北京市西城区车公庄大街丙 3 号楼　100044
网　　址：www.newstarpress.com
电　　话：010-88310888
传　　真：010-65270449
法律顾问：北京市岳成律师事务所

读者服务：010-88310811　service@newstarpress.com
邮购地址：北京市西城区车公庄大街丙 3 号楼　100044

印　　刷：北京盛通印刷股份有限公司
开　　本：787mm×1092mm　1/32
印　　张：4.75
字　　数：90 千字
版　　次：2021 年 3 月第一版　2022 年 6 月第四次印刷
书　　号：ISBN 978-7-5133-4386-2
定　　价：39.00 元